Marco Baroni

Silvio

Berlusconi

E' la fonte di ogni male?

COLLANA POLITICA

PREFAZIONE

Silvio Berlusconi: è la fonte di ogni male? Lo può essere l'uomo che ha avuto democraticamente in libere elezioni sempre un largo consenso? Lo può essere l'uomo che secondo la rivista americana Forbes, avrebbe un patrimonio personale stimato in 5,9 miliardi di dollari USA, risultando essere il sesto uomo più ricco d'Italia e il 169° più ricco del mondo?

Su Silvio Berlusconi sono stati scritti numerosi libri, vi sono difensori e accusatori, è sicuramente il personaggio che attrae molte attenzioni.

Ma nonostante tutto quello che è stato detto e scritto su di lui quanto ha in realtà Berlusconi inciso sulla politica italiana? Quale è stato il quadro che si è venuto a delineare dal dopo guerra ad oggi? Quanti sono stati gli sprechi e come mai il debito pubblico è accresciuto nei tempi in maniera esponenziale?

Sono solo alcuni dei temi trattati in questo volume.

Berlusconi non visto come uomo da difendere o da accusare, ma è un intero paese che viene messo sotto una lente d'ingrandimento. I poteri forti che non si manifestano pubblicamente in politica, ma ne determinano le sorti, i personaggi come Carlo De Benedetti che tirano le fila senza che ciò venga evidenziato, il ruolo avuto dalla Democrazia Cristiana, dal Partito Comunista, dal pool di "Mani Pulite", Craxi, Prodi, D'Alema, Rutelli, Fini, Casini, Lusi, gli scandali perpetrati in questo paese, i rapporti fra economia e mafia, il Vaticano, sono solo alcuni degli aspetti che con una attenta ricostruzione il libro ripercorre, fino ad arrivare a Monti, il presidente del consiglio scelto dal presidente della Repubblica.

Episodi, fatti, situazioni che stranamente galleggiano in un limbo, riemergono, dalle nebbie e cercano, in questo volume, di essere una sorta di filo d'Arianna per districarsi nel dedalo appositamente creato al fine di distogliere l'attenzione del popolo italiano, un dedalo opportunamente costruito per mettere in condizione di evidenziare solo quello che fa comodo, un dedalo che questo libro fa saltare in aria mettendo in evidenza quello che fino ad oggi è stato relegato nell'oblio.

****

"Gli italiani generosissimi in tutto
non sono generosi quando
si tratta di pensare"

Carlo Emilio Gadda

Il titolo potrebbe sembrare provocatorio, irriverente, ma a star sentire gli opinionisti acculturati che occupano in pianta stabile i salotti televisivi, a leggere i giornali, ad ascoltare telegiornali e radiogiornali, l'interrogativo sorge spontaneamente. Se questo paese è imploso è colpa di Silvio Berlusconi? Finalmente dopo anni sembrerebbe che sappiamo di chi sia la colpa, chi sia stato il regista, lo sceneggiatore dello spettacolo della politica in tutto questo tempo. Ma non è che Silvio Berlusconi sia divenuto una specie di capro espiatorio su cui far ricadere le colpe di altri? Quando improvvisamente nel 1994 apparve sulla scena politica che Italia c'era? Non è che la situazione italica sia la sommatoria di scelleratezze perpetrate in maniera brillate negli anni? Non è che gli elettori, e la popolazione in generale sia da tempo rimasta avvolta da una specie di nebbia e non si sia accorta, o gli ha fatto comodo il non costatarlo, del baratro, della voragine che si era aperta sotto i propri piedi? Dal gennaio all'aprile del

2012 le Fiamme Gialle hanno scoperto ben 2.192 evasori totali. I settori più colpiti sono il commercio all'ingrosso e al dettaglio (quasi il 25% del totale), le costruzioni edili (circa il 22%), le attività manifatturiere (11%), le attività professionali, scientifiche e tecniche (5,7%) e le attività di alloggio e ristorazione (5,5%). In tale operazioni vi sono stati anche dei casi eclatanti: un noto bar a Thuile, località sciistica vicina a Courmayer, negli ultimi 5 anni non ha dichiarato ricavi per 350 mila euro; una pasticceria nel centro di Reggio Calabria, non ha dichiarato, negli ultimi 2 anni, ricavi per 400mila euro, e si avvaleva di lavoratori "*in nero*", un albergatore di Grado non ha dichiarato più di mezzo milione di euro di ricavi, incassati dopo il "*tutto esaurito*" della stagione estiva, un centro di macellazione di carni a Messina aveva nascosto al Fisco ricavi per oltre 30 milioni di euro; un gioielliere della provincia di Brescia ha evaso circa 300.000 euro di Iva e non ha dichiarato redditi per quasi 1 milione e mezzo di euro. Queste sono le cose che fanno girare i cosiddetti ai lavoratori dipendenti, ai pensionati, alle persone che vedono le loro buste paga prosciugarsi sempre più. Ma a fronte del lavoro importante compiuto dagli uomini della Guardia di Finanza, c'è da domandarsi come sia possibile che vi siano ancora persone sconosciute al fisco, che sia così "*facile*" evadere il pagamento delle tasse, e come mai non siano stati "*scoperti*" prima? Anche questa situazione è colpa di Silvio Berlusconi? E i governi di centro-sinistra cosa hanno fatto per combattere tale situazione? Non è forse corretto sostenere che in questo paese sia giunto il momento che avvenga una vera e propria rivoluzione, ove finalmente si vedano abbattute e non sostituite le cosiddette caste, ove esista la certezza della pena, ove ci fossero effettive opere e non il solito magna-magna? Tutto ciò è facile qualunquismo, utopia, fantascienza? O forse desiderio, bramosia, fame di vera giustizia sociale? Ai posteri l'ardua sentenza. La classe politica è da sempre considerata un'entità intoccabile, quasi fossero degli dei, e i lori volti e i loro sederi occupano da "*secoli*" il panorama visivo e gli scranni del parlamento, ovviamente l'ordine sceglietelo voi. Ma la colpa di tutto questo malcostume è anche nostra, che siamo sempre pronti a criticare ma mai altrettanto pronti ad assumersi le responsabilità, quasi fosse nel DNA italico l'essere predisposti al compromesso per mantenere i privilegi ottenuti. Questo è il paese in cui la commistione impropria e l'intreccio perverso tra politica e affari, tra pubblico e privato, sta alla base della rete di interessi, collusioni e corruzione che alimenta il sistema politico-affaristico italiano, e il dramma è che chi si propone di riformare il sistema pare che alla fine venga assimilato ed infine travolto dal sistema che negli anni si è sempre più evoluto: un cancro a cui sembrano non esserci rimedi. Ritornando indietro nel tempo basta pensare ad esempio alla Cassa del Mezzogiorno che nasce nel 1950 dalla mente del meridionalista Pasquale Saraceno; un ente pubblico creato dal governo di Alcide De Gasperi per finanziare iniziative industriali tese allo sviluppo economico del meridione d'Italia, allo scopo di colmare il divario con le regioni settentrionali. Il risultato della Cassa è discutibile per quanto riguarda l'utilizzo dei capitali pubblici? La politicizzazione degli apparati non comportò un degrado e una bassa qualità della spesa, compresi fenomeni diffusi di illegalità? Non è forse vero che spesso giganteschi appalti ed altre iniziative statali finirono per creare enormi infrastrutture che non avrebbero trovato un'applicazione pratica perché estranee alle realtà economiche del Sud, o perché rimaste incompiute? In sostanza non si crearono strutture definite "cattedrali nel deserto"? Non si è assistito alla nascita delle cosiddette "politiche assistenzialistiche" tramite finanziamenti a pioggia? Quali giovamenti concreti si hanno avuti nel Mezzogiorno? In termini economici quanti soldi andarono sprecati? Però in termini di voti il ritorno fu molto forte per i partiti che all'epoca dominavano la scena e che determinavano crisi anche se poi avevano scarsa rappresentatività in termini di voti. Non è forse vero che il paradosso di questo paese nasce il 2 giugno del 1946, quando agli elettori furono consegnate insieme la scheda del referendum per la scelta fra Monarchia e Repubblica, referendum istituzionale e quella per l'elezione dei 556 deputati dell'Assemblea Costituente, cui sarebbe stato affidato il compito di redigere la nuova carta costituzionale? Non è forse vero che i risultati videro sì la vittoria della Democrazia Cristiana, con il 35% dei voti popolari, ma le sinistre rappresentate da Partito Socialista Italiano di Unità Proletaria e Partito Comunista Italiano, insieme raggiunsero complessivamente il 40% circa dei voti popolari, confermando quindi la tendenza elettorale dell'Italia post-bellica verso le formazioni di sinistra? E giusto per rammentare il quadro allora esistente è da sottolineare che le elezioni non si poterono svolgere in Alto Adige, che era sotto amministrazione alleata, e in Venezia Giulia che era sotto amministrazione alleata e jugoslava.

Non è forse vero che ancora oggi è posto in discussione il risultato del referendum fra Monarchia e Repubblica? E' errato allora pensare che le forze politiche allora esistenti venute su con la benedizione clericale, l'appoggio delle baionette degli "Alleati" e i soldi profusi da Mosca abbiano nel loro DNA una sorta di peccato originale? O anche tutto ciò è colpa di Silvio Berlusconi? Chi reputa, ipotizza, crede o semplicemente pensa che questo libro possa essere una schiocca esternazione di pensiero in difesa di Berlusconi rimarrà deluso.

Infatti non è assolutamente mia intenzione proclamare "*Santo subito*" Silvio Berlusconi, ma si vuole analizzare correttamente senza pregiudizi e stupidi paraocchi la realtà dei fatti, delle situazioni, e questo senza cadere nel puerile servilismo o meglio ancora lecchismo, anche perché per fortuna non si è nel libro paga di nessuno. La libertà ha un alto costo e non tutti sono disposti a pagare il fio richiesto.

****

"Adoro i partiti politici:
sono gli unici luoghi rimasti
dove la gente non parla di politica"

Oscar Wilde

Si sono da poco spenti i riflettori sui festeggiamenti dei 150 anni dell'unità d'Italia. Finalmente ora gli eroici protagonisti possono tornare alla loro pace senza sentirsi tirati per la giacchetta, coinvolti in diatribe e tavole rotonde. Pure su questo aspetto in Italia si discute, si animano divergenze, sentimenti, opinioni, e in buona parte si specula senza scrupolo. Ma se tutte le favole che si rispettano iniziano con il classico *"C'era una volta"*, anche questo libro avrebbe potuto iniziare in questa maniera, se fosse un semplice favola. Ma forse, pur non essendo questa una favola potrebbe proprio iniziare con: c'era una volta un uomo che molto probabilmente aveva nel suo profondo io la voglia e il desiderio di cambiare un paese chiamato Italia. Il suo nome era Silvio Berlusconi. Se si prova a digitare questo nome sul motore di ricerca www.gogoole.it appare questo dato: circa 32.200.000 risultati. Per comprendere meglio il risultato si provi, sempre sullo stesso motore di ricerca a digitare Massimo D'Alema e apparirà circa 1.430.000 risultati, Piero Fassino circa

732.000 risultati, Pier Luigi Bersani circa 3.170.000 risultati, Pier Ferdinando Casini circa 1.420.000 risultati, Gianfranco Fini circa 9.520.000 risultati, Fausto Bertinotti circa 464.000 risultati, Antonio Di Pietro 3.590.000 risultati. Se poi sempre sullo stesso motore di ricerca digitiamo esclusivamente la parola Berlusconi appare questo dato: circa 80.100.000 risultati, e se volete provate a digitare esclusivamente il cognome dei politici prima elencati e constaterete che nessuno gli si avvicina. Per fare del facile umorismo provate a digitare, sempre sullo stesso motore di ricerca, la parola *"sesso"* e constaterete questo strano risultato: 68.200.000 risultati. Quindi il buon caro Silvio oltre a battere i suoi colleghi politici, batte anche una parola tanto cara e cercata su internet. Ma torniamo a noi. Perchè scrivere un libro su Berlusconi visto che le librerie pullulano di scritti su di lui. Alcuni da lecchini, altri da contestatori, accomunati però dal fatto che vista la persona in questione sono sicuri della pubblicazione e di percepire un lauto compenso. Per la serie i soldi non hanno odore. Qualcuno potrebbe allora asserire che anche io entro o provo ad entrare a far parte di questa grande famiglia. La cosa mi fa sorridere. Basterebbe leggere chi ha scritto i libri su Silvio Berlusconi e constatare chi li abbia pubblicati per capire che non esiste confronto. L'autore di questo scritto è semplicemente un giornalista che ha occupato il suo tempo libero a riflettere e studiare e a scrivere questo volume. Se mi fossi prostrato o avessi deciso di leccare primo non sarei disoccupato, secondo non proverei a scrivere questo testo. Ma se avessi deciso di fare quanto esposto mi sarei venduto. Se il nostro paese fosse per lo meno intellettivamente corretto obbligherebbe a mettere al collo dei vari giornalisti, commentatori e spazzatura varia il cartellino di vendita e con il nome dell'acquirente. Le parole libera stampa sono quelle che in tutti questi anni hanno subito continue violenze, stravolgimenti, interpretazioni del tutto personali. Silvio Berlusconi non è un santo, non è perfetto, è sicuramente un affarista, molte volte mal consigliato, che si è circondato di persone che hanno vissuto sotto la sua ala protettrice mettendolo molte volte nei guai. Certo il buon Silvio ci ha messo anche del suo facendo scaturire tutta una serie di facili ironie. Quello che però risulta strano è la portata, l'eco profuso sulle sue cazzate, o presupposte cazzate. Sembrerebbe quasi che negli armadi di questi politici integerrimi, pronti ad additarlo come il male non vi siano scheletri, che siano tutti immacolati. Se Silvio raccontava una barzelletta il mondo politico si strappava le vesti, i ben pensati inorridivano cose se si fosse compiuto un atto blasfemo in un luogo di culto. Però, pace all'anima sua, sul caro vecchio Gianni Agnelli si passava tranquillamente sopra ai suoi, chiamiamoli così, "difettucci". E' cosa nota e risaputa che la parola droga non gli fosse del tutto sconosciuta, e che il nipote Lapo Elkann sia stato anche ricoverato per overdose di cocaina dopo una notte a base brava con dei trans. Non si vogliono assolutamente giustificare eventuali scivolate protocollari del buon Silvio, però appare strano l'adottare la regola dei due pesi e due misure. Klemens von Metternich, aveva definito l'Italia "*Una mera espressione geografica*", mentre Massimo Taparelli marchese d'Azeglio nella stesura delle sue memorie, pubblicate postume con il titolo "*I miei ricordi*" nel 1867, scrisse "*Pur troppo s'è fatta l'Italia, ma non si fanno gl'Italiani*". Basterebbero queste due frasi, di scolastica memoria, per comprendere che questo è un paese castrato, timoroso, imbelle, traditore, dove ancora oggi non si è fatto comprendere ai vari Santi Padri, di quella, come definita dal concilio Vaticano II, essere "*l'unica Chiesa di Cristo, che nel Simbolo apostolico, cioè il Credo professiamo una, santa, cattolica e apostolica*", di occuparsi più delle anime che della politica. Molti semplici italiani hanno dato la propria vita per questo paese, e continuano a darla, ma anche in ciò impera la differenziazione, la disputa su quali fronti siano morti, per quali ideali hanno sacrificato il bene supremo. Il buon Silvio nel suo profondo io aveva la voglia e il desiderio di cambiare un paese chiamato Italia. Ma come i suoi predecessori è caduto nei tranelli, nelle imboscate, nelle trappole. Se gli si vuole dare una colpa forse la si può trovare nel suo profondo Ego. Per alcune scuole di pensiero di psicologia non è corretto assimilare l'Io all'Ego, come si è talvolta fatto per semplice traduzione linguistica. Esse specificano che l'Ego corrisponde ad una forma primordiale di Io, e l'Io corrisponde invece ad una struttura che trascende l'Ego nella sua crescita in consapevolezza che si è affrancata, appunto, dalle pulsioni egoiche. Comunque lasciando da parte queste dispute è un dato di fatto che il buon Silvio si sia circondato, e questa è la sua vera colpa, e molte volte di sua espressa volontà, di persone stupide, di servi sciocchi, pronti sempre ad osannare il padrone, senza un minimo di spina dorsale, di correttezza, tendente a far comprendere sotto a quali bizantinismi stava soccombendo. Forse gli mancava l'esperienza, la scaltrezza che i comunisti o post comunisti hanno maturato negli anni. Giuliano Amato, nato a Torino il 13 maggio del 1938 fu presidente del Consiglio dei ministri dal 1992 al1993 e dal 2000 al 2001. Giurista costituzionalista, membro dell'Associazione Italiana dei Costituzionalisti, docente universitario. Un tempo esponente del Partito Socialista Italiano, ha aderito poi all'Ulivo ed infine al Partito Democratico. Negli anni ottanta il giornalista Eugenio Scalfari trovò per lui il soprannome dottor Sottile, con doppio riferimento al suo acume politico e alla gracilità fisica. Nel 2009 è stato nominato presidente dell'Istituto dell'Enciclopedia italiana Treccani. Nel febbraio 2010 e stato nominato senior advisor in Italia della Deutsche Bank. Nel giugno 2010 è divenuto Presidente onorario della Fondazione *"Ildebrando Imberciadori"*, istituzione impegnata nella ricerca storica e dedicata al noto studioso Toscano. Nel 2011 di iniziativa del Presidente della Repubblica ha ricevuto l'onorificenza di *"Cavaliere di gran croce dell'Ordine al merito della Repubblica italiana"*. Il 21 febbraio 2012 è stato designato Presidente della Scuola Superiore Sant'Anna di Pisa. Ebbene quanti però si ricordano che nel suo primo mandato da Presidente del Consiglio ed esattamente l'11 luglio del 1992 emise un decreto da 30.000 miliardi di lire in cui tra le altre cose veniva deliberato, **RETROATTIVAMENTE** al 9 luglio, il prelievo forzoso del 6 per mille dai conti correnti bancari? In pratica ha messo le mani nei conti correnti degli italiani ancora prima di emettere il decreto, e ovviamente senza che la cosa fosse comunicata, e con l'avvallo delle banche, che certamente non si opposero o comunicarono del fatto i propri correntisti. E se il buon Silvio avesse operato nella stessa maniera cosa sarebbe successo? E' vero con i se e con i ma non si prova nulla però se per situazioni molto meno pesanti si sono avute quasi sommosse popolari ho timore nel pensare a cosa si sarebbe assistito se tale operazione fosse stata compiuta dal buon Silvio.

****

"Nessun problema
può essere risolto congelandolo"

Winston Churchill

E' una convinzione comune, ormai divenuta una specie di icona, una sorta di rimpianto, come in genere avviene per tutto quello che è passato. Di cosa si sta trattando? Semplice: di quello che successe tra la fine degli anni Cinquanta e l'inizio degli anni Sessanta conosciuto come il periodo del "*boom economico*" che, con qualche piccola crisi di assestamento, si protrasse per tutto il decennio fino ai critici anni settanta. Questo fenomeno in effetti dopo il paradosso delle elezioni del il 2 giugno del 1946 ne rappresenta un altro. I dati, i freddi numeri dicono che nei primi anni degli anni Sessanta l'economia italiana giunge al suo massimo livello di espansione, dando luogo al fenomeno noto come il "*miracolo economico*", e che l'imponente ripresa espansiva italiana, che a partire dal 1956 aveva avuto come principale elemento propulsore le esportazioni, si caratterizzò attraverso una sostanziale stabilità dei prezzi e una quasi totale assenza di squilibri nella bilancia dei pagamenti. Il reddito nazionale netto, a valori costanti, tra il 1959 e il 1964, avrà un incremento del

32,3%. I dati sono esclusivamente dati, ma quello che non raccontano però sono le conseguenze, le scelte, i progetti. Innanzitutto questo lungo periodo di crescita fu contrassegnato dalla trasformazione delle attività produttive, in cui si verificò una enorme crescita del settore industriale e un altrettanto rapido declino delle attività agricole. Nel 1962 l'industria produceva già il 44% del reddito nazionale, mentre l'apporto della produzione agricola scendeva al 27%, tredici punti percentuali in meno rispetto al decennio precedente. In pratica si scelse la strada della fabbrica piuttosto che una industrializzazione parallela all'agricoltura. In sostanza si distrusse la campagna, quella che sfama la gente, per produrre macchine, acciaio che forse producono ricchezza, ma che non garantiscono certamente stabilità continuativa nel tempo. Mi spiego meglio. Il pomodoro sia come prodotto fresco sia come conserva è un qualcosa che viene sempre impiegato e quindi fornirà forse un guadagno basso, ma tale guadagno è nel tempo sicuro in quanto tutti i giorni noi mangiamo almeno due volte. Produrre macchine, per esempio, produce ricchezza, principalmente comunque per i proprietari delle case automobilistiche leggasi famiglia Agnelli, fornendo uno stipendio, ma quante macchine si dovranno vendere per garantire nel tempo quello stipendio? In termini ancora più semplici: se tutti mangiamo due volte al giorno, quante macchine si possono cambiare? Certo si dirà che la vendita di una macchina non ha proporzioni in termini di soldi nei confronti dei pomodori, anche se ciò e discutibile, ma resta comunque un fatto temporale limitato, non è continuativo e costante come invece lo è il pomodoro. Infatti per gli operai esistono i licenziamenti, le casse integrazioni, le flessioni del mercato, mentre il caro e vecchio pomodoro e il suo aspetto industriale cioè la conserva non potrà mai tradire. Non verrà utilizzato magari per condire un piatto di pasta, ma certamente sarà alla base per condire una fetta di pane. Provateci con una macchina. Il popolo che abbandona la campagna è destinato a morire di fame. La campagna non è semplicemente coltivare o allevare, necessita a sua volta di tutta una serie di infrastrutture industriale sia per la lavorazione dei prodotti come pure per la realizzazione dei lavori. Quindi non è vero che bisogna produrre esclusivamente macchine per produrre ricchezza, si possono anche produrre trattori, rastrelli e tutto ciò che serve per arare, raccogliere, conservare eccetera ed eccetera.

Ma forse le scelte fatte in quegli anni sono colpa di Silvio Berlusconi? La trasformazione delle attività significò anche modificazione nel settore dell'occupazione, che infatti vide crescere vertiginosamente le masse operaie e gli addetti al terziario, mentre calarono gli occupati nell'agricoltura. La nuova tipologia di occupazione ebbe conseguenze profonde, e per certi versi nefaste, sulla struttura della società, perché le fabbriche e gli uffici sono situati prevalentemente nelle vicinanze dei grandi centri urbani, nei quali inizia a riversarsi una massa sempre più consistente di persone alla ricerca di nuova occupazione.

Si assiste ad un improvviso fenomeno di inurbamento, cui corrisponde lo spopolamento delle campagne, che trasforma le città in metropoli. Tra il 1951 e il 1961 la popolazione di Milano cresce del 25%, quella di Roma del 30% e quella di Torino del 43%.

****

"Apprendere che nella battaglia della vita si può facilmente vincere l'odio con l'amore, la menzogna con la verità, la violenza con l'abnegazione dovrebbe essere un elemento fondamentale nell'educazione di un bambino"

Gandhi

Dal dopoguerra ad oggi nessun politico ha suscitato una ridda di sentimenti come Silvio Berlusconi. Amore e odio sono gli antipodi di un sentimento e Silvio Berlusconi come mai nessuno politico è riuscito a far scaturire un sentimento. Quello su cui si rimane basiti è il come hanno reagito i vari politici nei suoi confronti. Prima Bossi, poi Casini, poi Fini e nel contempo tutto l'universo della sinistra, anche quella più estrema sono stati accomunati in questo rancoroso sentimento. Ma chi sono questi santi uomini che hanno o condannano, giudicano, disprezzano Silvio Berlusconi? Umberto Bossi, nato a Cassano Magnano il 19 settembre del 1941, nei primi anni settanta ha militato, in rapida successione, nel gruppo comunista de il manifesto, nel Partito di Unità Proletaria per il comunismo, di estrema sinistra, nell'Arci e nei movimenti ambientalisti. Nel 1975 risulta iscritto al Partito Comunista Italiano, previo versamento di un contributo d'iscrizione presso la sezione locale di Verghera di Samarate. Inizialmente negò la militanza comunista, successivamente ammise che per alcuni mesi fra il 1974 e 1975 fu impegnato in un'iniziativa di solidarietà del Partito Comunista Italiano di Verghera di Somarate. Il suo incontro con le idee autonomiste e federaliste avvenne per caso a 38 anni, nel 1979: un giorno, entrando in facoltà a Pavia, notò un avviso dell'Union Valdôtaine, movimento autonomista della Valle d'Aosta. Conobbe il leader Bruno Salvadori. Bossi decise immediatamente di unirsi alla sua causa e si attivò per la creazione di una rete di movimenti autonomisti dell'Italia settentrionale. Nello stesso anno conobbe Roberto Maroni, con cui iniziò un lungo sodalizio politico. Alle elezioni politiche del 1987 Bossi viene eletto per la prima volta senatore. Il principale pensiero di Bossi, oltre il famoso grido *"Roma ladrona"*, è il vilipendio alla Nazione. Con il suo atteggiamento di schifo, ribrezzo nei confronti di una unità nazionale ha di fatto infangato e insultato i numerosi lombardi che hanno dato la vita nelle guerre risorgimentali per fare questo Paese una Nazione. Nel 1994 crea al Nord con Forza Italia la coalizione elettorale denominata Polo delle Libertà, che assieme al Movimento Sociale Italiano vince le elezioni. Il 22 dicembre 1994 Bossi stacca il suo partito dalla coalizione presentando una mozione di sfiducia. L'atto viene denominato dai mass media *"ribaltone"*. La sinistra per mandare a casa il primo governo Berlusconi non và tanto per il sottile, e pur di realizzare il suo piano si allea con Bossi. Pier Ferdinando Casini nasce a Bologna il 3 dicembre del 1955. Dopo aver ottenuto nel 1979 la laurea in giurisprudenza, nel 1980 inizia la sua attività politica nella Democrazia Cristiana, come consigliere comunale a Bologna, fino all'elezione alla Camera dei deputati nel 1983. Prima delfino di Antonio Bisaglia, con la sua scomparsa divenne fra i più stretti discepoli di Arnaldo Forlani, che, dopo essere arrivato alla segreteria del partito, scelse il giovane e promettente Casini nella direzione nazionale. Nel 1993, con l'inizio del periodo di rinnovamento della Democrazia Cristiana di Mino Martinazzoli, che risultava provata da una serie di scandali, dalle indagini di Mani pulite e aveva ottenuto delle sensibili perdite di consenso. Insieme a Clemente Mastella, Casini prende posizioni non in linea con la politica del partito, essendo favorevole a un'alleanza con la Lega Nord di Umberto Bossi, il Movimento Sociale Italiano di Gianfranco Fini e la nuova formazione politica di Silvio Berlusconi, nel quadro di un'ipotesi che prevedeva, con la legge Mattarella che cambiava il sistema elettorale in senso maggioritario, la possibile formazione di un bipolarismo, cioè di due grandi coalizioni alternative. Motivato anche dal timore che la Democrazia Cristiana, alimentata dalla sua ala di sinistra, arrivi a stringere alleanze con il Partito Democratico della Sinistra di Achille Occhetto, si allontana dal partito. Così sotto la guida di Mastella e Casini, il 18 gennaio 1994 nasce il Centro Cristiano Democratico (o CCD), mentre Martinazzoli fonda il Partito Popolare Italiano. Dopo la separazione consensuale dalla Lubich, avvenuta nel 1998, Casini intraprese una nuova relazione sentimentale con Azzurra Caltagirone, figlia del noto imprenditore ed editore romano Francesco Gaetano Caltagirone, con la quale si sposò nel 2007 con rito civile. Da questa unione sono nati, rispettivamente nei mesi di luglio 2004 e aprile 2008, due figli. Il moralizzatore Casini, l'uomo dal pensiero cattolico, divorzia e si risposa con rito civile. E poi giudica Berlusconi. Il Casini che si oppone strenuamente ad un'equiparazione giuridica delle coppie di fatto alle coppie unite in matrimonio, il tutto in difesa dell'istituto della famiglia? Ma Casini spiega che il suo atteggiamento nei confronti delle coppie di fatto è di assoluta apertura, ma è solamente l'equiparazione giuridica tra sposi e conviventi a suscitare in lui forti dubbi(?). Poi critica Berlusconi e parla di conflitto di interesse del cavaliere, proprio lui che ha sposato la figlia Francesco Gaetano Caltagirone, capo di uno dei più importanti gruppi industriali italiani, con un fatturato globale di circa 1,7 miliardi di euro e oltre 5.600 dipendenti, le cui ricchezze ammontano a circa 2,6 miliardi di dollari, e questo fece di lui nel 2008 il decimo uomo più ricco d'Italia e il 446°

uomo più ricco del mondo. Nella classifica del 2011 è l'undicesimo italiano più ricco con 1,5 miliardi di dollari e 833° al mondo. E visto che tutti parlano dei procedimenti giudiziari di Silvio Berlusconi è doveroso ricordare che il 31 ottobre del 2011 Caltagirone è stato condannato dalla prima sezione del Tribunale di Milano a 3 anni e 6 mesi di reclusione per "*insider trading*", ostacolo alle funzioni di vigilanza nel processo sulla tentata scalata di Unipol alla Banca Nazionale del Lavoro nel 2005, nell'inchiesta che lo vede imputato insieme all'ex Governatore di Bankitalia Antonio Fazio e a Giovanni Consorte, condannati alla stessa pena. Il Casini critica Berlusconi! Casini, uomo nato democristiano che nella sua vita non ha fatto altro che fare il politico, senza quindi aver mai lavorare neanche un giorno. E' proprio vero che si guarda la pagliuzza nell'occhio altrui senza guardare la trave nel proprio. Gianfranco Fini anch'egli nasce a Bologna il 3 gennaio del 1952 tre anni prima di Casini. La confusione politica cui molte volte Fini manifesta probabilmente deriva dalle origini. Il padre, Argenio Fini detto Sergio, fu volontario della Repubblica Sociale Italiana nella Divisione di Fanteria San Marco, e più tardi iscritto all'Associazione nazionale dei combattenti. Prima dell'ascesa politica del figlio, si dichiarò vicino al Psdi, ma dopo l'iscrizione di Gianfranco nel Msi abbandonò la militanza politica, per gli impegni correlati al suo nuovo lavoro in una compagnia petrolifera: prima presso l'Agip e poi, per più di quindici anni, in Libia per conto dell'olandese Shell. Il nonno paterno, morto nel 1970, faceva parte del PCI, e fu per anni segretario di una sezione provinciale dello stesso. La madre, Erminia Marani era figlia di Antonio Marani, presente assieme a Italo Balbo alla marcia su Roma, oltre che, alla fine delle guerra, tra i più assidui organizzatori delle sezioni e dei circoli dell'allora neonato Msi nell'area emiliana. Il nome Gianfranco fu scelto per ricordare un cugino assassinato a vent'anni dai partigiani nei pressi di Sasso Marconi, quando era da poco passato il 25 aprile del 1945. Negli anni ottanta incontra Daniela Di Sotto, allora moglie di Sergio Mariani, amico e dirigente del partito. Mariani tenterà il suicidio poco dopo. La signora Di Sotto si separa dal marito per unirsi a Fini. Nel 1985 nasce Giuliana, la loro unica figlia. Tre anni più tardi si sposa con rito civile. Nel giugno 2007, Fini annuncia la separazione dalla moglie. Dopo la separazione, viene resa pubblica la relazione con l'avvocato Elisabetta Tulliani. Dalla relazione sono nate due figlie. Nel 1983 viene eletto per la prima volta alla Camera dei deputati. Rieletto nel 1987, nel settembre dello stesso anno alla festa del partito a Mirabello, Almirante lo candidò pubblicamente come suo successore alla segreteria del partito. Anche lui nella vita ha lavorato tanto, sì, ma come parlamentare. Pier Luigi Bersani anche lui emiliano essendo nato a Bettola, provincia di Piacenza il 29 settembre 1951. E curioso notare Bersani è del 1952, Fini del 1951 e Casini del 1955, e tutte tre Emiliani. Bersani si è laureato con lode in filosofia all'Università di Bologna, con una tesi sulla storia del Cristianesimo, centrata sulla figura di Papa Gregorio Magno. Dopo una breve esperienza da insegnante, si è dedicato completamente all'attività amministrativa e politica. Dal 18 maggio 1996 al 22 dicembre 1999 ricopre la carica di Ministro dell'Industria, del Commercio, dell'Artigianato e del Turismo nel primo governo Prodi. Dal 23 dicembre 1999 al 3 giugno 2001 ricopre la carica di Ministro dei Trasporti e della Navigazione. Alle elezioni politiche del 2001 viene eletto per la prima volta deputato nel collegio 30 Fidenza-Salsomaggiore. Fra i politici attualmente in vista è certamente il vaso di coccio in mezzo ai vasi di ferro, oltre che a pensare a Berlusconi deve fare continuamente attenzione al suo posteriore visto la presenza di un alto numero di personaggi della sua multi variegata coalizione spingono da dietro, e devo guardarsi da chi furbescamente ha lasciato momentaneamente il palcoscenico, come ad esempio Massimo D'Alema, un volto nuovo della politica. D'Alema nasce a Roma il 20 aprile del 1949 presidente del consiglio dei ministri dal 21 ottobre 1998 al 25 aprile 2000, primo ed unico esponente del, già allora disciolto, Partito Comunista Italiano a ricoprire tale carica. La sua militanza politica cominciò nel 1963, quando si iscrisse quattordicenne alla Federazione Giovanile Comunista Italiana. Nel 1984, nonostante D'Alema fosse soltanto un giovane dirigente locale,

Berlinguer lo portò con sé al funerale di Jurij Andropov, per dare un forte segnale di rinnovamento e, si ipotizzò allora, per prepararlo alla successione in un congresso di due anni dopo. Berlinguer però morì poco dopo e gli successe Alessandro Natta, una soluzione di transizione in vista dell'elezione a segretario di uno dei giovani selezionati da Berlinguer, tra i quali Occhetto e D'Alema erano quelli più in vista. Natta diede a D'Alema l'importante incarico dell'organizzazione, mentre Achille Occhetto, nel luglio del 1987, fu nominato vicesegretario. Il 1° luglio 1994 D'Alema fu eletto Segretario nazionale. Nei primi mesi del 1993, quando l'inchiesta di Mani Pulite iniziava ad occuparsi delle cosiddette tangenti rosse al PCI-Pds, D'Alema definiva spregiativamente il pool *"il soviet di Milano"*. Il 5 marzo 1993, il governo di Giuliano Amato approvò il decreto Conso, con cui il parlamento cercava una *"soluzione politica"* a Tangentopoli. Il decreto fu contestato da gran parte della popolazione, non fu firmato dal presidente Scalfaro e fu criticato dal PDS. Questo episodio fu causa di attrito fra D'Alema e Amato: il presidente del consiglio accusò il PDS di aver tenuto un comportamento ambiguo. Secondo un'inchiesta di Maurizio Tortorella sul settimanale Panorama, nel 1985 Massimo D'Alema, allora segretario regionale del PCI in Puglia avrebbe intascato 20 milioni di lire per il partito da parte di Francesco Cavallari, imprenditore barese, *"re"* delle case di cura riunite. L'episodio sarebbe stato ammesso anche da D'Alema in sede processuale, ed infatti stando a quanto riportato da Panorama il giudice Russi nel decreto di archiviazione del caso avrebbe aggiunto le seguenti considerazioni: *"Uno degli episodi di illecito finanziario, e cioè la corresponsione di un contributo di 20 milioni in favore del Pci, ha trovato sostanziale conferma, pur nella diversità di alcuni elementi marginali, nella leale dichiarazione dell'onorevole D'Alema (...)"*. L'inchiesta sottolinea inoltre come all'epoca dei fatti la vicenda non avesse trovato spazio sulla stampa. Per D'Alema è stato ipotizzato dal GIP Clementina Forleo il concorso in aggiotaggio nell'ambito della scalata alla BNL organizzata dalla Unipol di Giovanni Consorte. Il giudice Forleo richiese nel 2007 al Parlamento italiano la possibilità di utilizzare le trascrizioni delle intercettazioni telefoniche che coinvolgevano D'Alema, Consorte e Piero Fassino nel procedimento a carico degli scalatori, procedimento che peraltro non vede D'Alema tra gli indagati. Secondo il Parlamento Europeo, chiamato dal Parlamento italiano a pronunciarsi in materia, in quanto D'Alema era parlamentare europeo all'epoca dei fatti, i testi delle telefonate tra D'Alema e Consorte non potranno essere utilizzati in quanto già esistono agli atti elementi di prova sufficienti a suffragare l'accusa nei confronti degli autori della scalata, peraltro già rinviati a giudizio. Nel 1995 D'Alema rimase coinvolto nella cosiddetta Affittopoli, una campagna mediatica promossa da *"Il Giornale"* secondo la quale enti pubblici davano in locazione a VIP appartamenti ad equo canone. Dopo una dura campagna mediatica D'Alema decise di lasciare l'appartamento per comprare casa a Roma, ma solo dopo essersi presentato alla trasmissione di Rai 3 condotta da Michele Santoro, dal titolo Samarcanda, in cui giustificò l'accaduto affermando che aveva avuto bisogno di una casa appartenente a enti pubblici perché versava metà del suo stipendio da parlamentare al partito, all'epoca consistente in circa 12 milioni di Lire al mese. L'immobile in questione era un appartamento di 146 metri quadrati in zona porta Portese, per il quale pagava un equo canone pari a 1.060.000 lire. Il 4 maggio 2010, nel corso di una puntata del 2010 del talk show Ballarò dedicata alle vicende che avevano portato alle dimissioni da ministro di Claudio Scajola, Alessandro Sallusti, condirettore de *"Il Giornale"* tornò su questo caso definendo D'Alema *"il protagonista del più grande scandalo della casta italiana, che era affittopoli"*, suscitando la reazione di D'Alema che, inizialmente, replicò con vigore: *"L'accostamento è del tutto improprio"*, e in seguito ai successivi insistenti accostamenti tra le due vicende fatti da Sallusti *"Lei era un privilegiato: "affittopoli" eravate una ventina di politici, quasi tutti di sinistra... Da un punto di vista etico-morale lei ha approfittato della sua posizione"*, ribatté: *"Vada a farsi fottere: lei è un bugiardo e un mascalzone"* e successivamente *"Io capisco che la pagano per venire qui a fare il difensore d'ufficio del governo... capisco che deve guadagnarsi il pane, ma questo modo è vergognoso, ma io non la faccio più parlare"*. Secondo Roberto Natale, presidente della Federazione nazionale della stampa italiana, quelle di D'Alema furono espressioni insultanti che nessuna affermazione o provocazione potevano giustificare. Antonio Di Pietro e nato a Montenero di Bisaccia il 2 ottobre del 1950 ha fatto parte del pool di Mani pulite come pubblico ministero, nel 1996 è entrato in politica, e nel 1998 ha fondato il movimento Italia dei Valori. Subito dopo le elezioni del 27 marzo 1994, Silvio Berlusconi gli chiese entrare a far parte del suo governo come Ministro dell'Interno. Ci furono una serie di incontri tra Silvio Berlusconi e Di Pietro, falliti definitivamente il 7 maggio 1994, con l'ultimo no di Di Pietro a Berlusconi a qualunque incarico di governo. Nel 1996 viene chiamato da Romano Prodi e accetta di divenire ministro nel suo Governo sostenuto dalla coalizione dell'Ulivo, appena insediatosi dopo la vittoria nelle elezioni politiche di aprile. L'incarico affidatogli è il Ministero dei Lavori pubblici, ma decide di presentare le sue dimissioni dopo sei mesi, il giorno dopo in cui gli viene notificata da Brescia una nuova indagine nei suoi confronti. Prodi respinge le dimissioni, ma Di Pietro non vuole tornare sui suoi passi. Verrà poi prosciolto dai 27 capi di accusa in tutti e dieci i processi perché il fatto non sussiste. Il 3 febbraio 2009 Di Pietro è stato iscritto nel registro degli indagati dalla Procura di Roma con l'accusa di Offesa all'Onore o al Prestigio del Presidente della Repubblica (articolo 278 del codice penale). L'atto è conseguente alla denuncia presentata il 31 gennaio dall'Unione delle Camere Penali Italiane, secondo la cui lettura dei fatti Di Pietro, nel corso del suo intervento durante la manifestazione organizzata dall' *"Associazione Nazionale Familiari Vittime di Mafia"* il 28 gennaio 2008 a Piazza Farnese, non si sarebbe limitato a criticare il comportamento del Presidente Napolitano, ma avrebbe attribuito un atteggiamento mafioso ai suoi silenzi. Dal canto suo, Di Pietro ha risposto dal suo blog definendo l'iniziativa *"Una mossa puramente politica [...] da parte del professore Oreste Dominioni, che sostiene di "non essere amico di questo o di quel governo", ma che è anche avvocato di famiglia Berlusconi oltre che Presidente dell'Unione delle Camere Penali",* invitando anche a rivedere il video del suo intervento al fine di verificare come l'affermazione "il silenzio è mafioso" fosse inserita nella frase "Non siamo d'accordo sull'oblio che le istituzioni hanno nei confronti di questi familiari delle vittime. Vediamo le vittime del terrorismo, della mafia, della criminalità che vengono dimenticate ed abbandonate a sé stesse. Lo possiamo dire, o no? Rispettosamente! Ma il rispetto è una cosa, il silenzio un'altra: il silenzio uccide, il silenzio è mafioso, il silenzio è un comportamento mafioso".* Proprio in virtù di ciò il 13 febbraio 2009 la

Procura della Repubblica di Roma, per mezzo del Procuratore Giovanni Ferrara e del PM Giancarlo Amato, richiese l'archiviazione, ritenendo che *"Una lettura attenta del complessivo intervento dell'onorevole Di Pietro consente di escludere che i riferimenti al "silenzio mafioso" abbiano avuto quale destinatario il presidente della Repubblica. [...] Dovendosi esse invece inquadrarsi nell'esercizio di un legittimo diritto di critica che è consentito anche nei confronti delle più alte cariche dello Stato se espresso in forme continenti (qui senz'altro ravvisabili), nessuna offesa all'onore ovvero al prestigio del capo dello Stato possono essere ipotizzate. Da qui la ritenuta impossibilità di configurare la fattispecie prevista dall'articolo 278 c.p. e la conseguente decisione di non richiedere l'apposita autorizzazione prevista dall'art.313 primo comma c.p. nei confronti dell'indagato"*. Questa è una breve carrellata su alcuni dei personaggi che hanno in comune la volontà nell'abbattimento del pericolo numero uno, e cioè Silvio Berlusconi. Quello che colpisce in una prima disamina è constatare come nel complesso panorama politico navighino vari personaggi con caratteristiche anche diverse. Se Fini, Casini e D'Alema rappresentano il nocciolo duro della politica, di quelli che hanno fatto la loro brava trafila all'interno delle sezioni dei partiti, di quelli che in pratica non hanno mai lavorato un solo giorno nella loro vita, Bossi, Berlusconi e Di Pietro rappresentano di contro gli uomini che hanno fondato un movimento politico basandolo sulla propria persona, sulle proprie capacità. Sia Di Pietro sia Berlusconi, e forse anche Bossi, hanno lavorato e fatto qualcosa fuori della politica, ma di certo tutte e tre non hanno campato tutta una vita a spese dei contribuenti a differenza degli altri. Ebbene il paradosso è che invece di mettere da parte le antipatie più o meno giustificabili esistenti e combattere il vero nemico, si sono messi in contrapposizione, facendo il gioco della antica classe politica, timorosa delle novità, paurosa di perdere le comodità conquistate a spese dei cittadini. Proviamo a fare un po' di fantapolitica, o forse una considerazione sulle occasioni perdute e ipotizziamo cosa avrebbero potuto fare i tre uomini, al di là di facili ironie, dotati di tre forti personalità messi insieme contro la casta dei politici di professione. Bossi e Di Pietro hanno in comune molti più elementi di quanto si possa pensare. Basta vedere la loro comunicabilità, le loro espressioni passate, mi sia concesso l'ardire, alla "storia", forgiati da una comunione lessicale, di presentazione non formale, adatta a colpire le masse, in cui molti elettori si ritrovano. Un linguaggio non partitico, criptico, tipico del politichese, ma diretto, che quasi sfiora la trivialità, ma che colpisce, che rappresenta l'uomo qualunque, quello che tutto i giorni deve vivere la sua vita, fatta di problemi e disservizi, di burocrazie e ingiustizie, in cui si possono identificare le persone che tutti i giorni devono affrontare il traffico, i disservizi dei mezzi pubblici, della sanità, che devono fare la spesa e l'elenco potrebbe continuare. Ipotizziamo dunque se Bossi e Di Pietro fossero stati insieme, epurati da frasi superate e alle volte un po' stupide, ma coesi nella volontà di far uscire dal pantano la politica, coadiuvati da Silvio Berlusconi, l'uomo comunicativo per eccellenza, l'uomo conosciuto da mezzo mondo, con immense disponibilità economiche. Giusto per la cronaca secondo la rivista americana Forbes, nel 2012 con un patrimonio personale stimato in 5,9 miliardi di dollari USA, Berlusconi è il sesto uomo più ricco d'Italia e il 169° più ricco del mondo. Berlusconi, Bossi, Di Pietro, un triunvirato che era destinato a vincere, un triunvirato che avrebbe potuto di fatto spezzare la catena della casta dei politici di professione. Una scesa in campo del genere avrebbe avuto un effetto dirompente. Uno slogan sarebbe potuto essere "*dite basta ai soliti volti della politica*", dando vita ad una campagna elettorale basata sulla volontà di uscire dai soliti compromessi, dalla voglia effettiva di dare una svolta a questo vecchio e stanco paese. Certo sarebbe stato uno bello schiaffo ai professionisti della politica, a coloro i quali tengono sotto scacco un'intera nazione per proprio tornaconto, per avere prestigio, per scambiarsi favori, per mangiare finalmente caviale e bere costoso champagne. Proviamo ad immaginare i tre triunviri, epurati dei loro personalismi, impegnati nella comune battaglia: un effetto dirompente. Certo il passato getta ombre sulla composizione di un triunvirato, basta ricordare come andarono a finire quelli costituiti da Giulio Cesare, Licinio Crasso e Gneo Pompeo; Cesare Ottaviano, Marco Antonio e Emilio Lepido; Maximilien Robespierre, Louis de Saint-Just e Georges Couthon; Carlo Armellini, Giuseppe Mazzini e Aurelio Saffi, ma le statistiche sono anche fatte per essere controvertite. Certo siamo nel campo della fantasia, dei sogni, ma alle volte da semplici quasi sterili osservazioni sono nate idee, movimenti che hanno rivoluzionato il mondo. Se è occorso in varie parti del pianeta perché per un volta non sarebbe potuto capitare anche da noi?

****

"Il comunismo non è amore
Il comunismo è un maglio
che si usa per schiacciare il nemico"

Mao Tze Tung

Alcide De Gasperi, Giuseppe Pella, Amintore Fanfani, Mario Scelba, Antonio Segni, Adone Zoli, Fernando Tambroni, Giovanni Leone, Aldo Moro, Mariano Rumor, Emilio Colombo, Francesco Cossiga, Arnaldo Forlani, Giovanni Spadolini, Bettino Craxi, Giovanni Goria, Giuliano Amato, Carlo Azeglio Ciampi, Silvio Berlusconi, Lamberto Dini, Romano Prodi, Massimo D'Alema. Questi sono vari presidenti del consiglio. C'è chi lo è stato più volte, chi per un mese, chi per pochi anni, chi per pochi giorni. Personaggi che comunque hanno lasciato un segno, che hanno determinato e caratterizzato la nostra vita. I risultati delle elezioni politiche del 1963 rendono complessa l'opera di creazione di un governo, non tanto per un problema di numeri quanto per i diversi obbiettivi che i partiti si propongono di realizzare con l'inizio della nuova legislatura. La DC, partito di maggioranza relativa ottenne il 38. 3 % delle preferenze, subendo una diminuzione del 4% del proprio consenso. Anche il Psi, che sul finire della passata legislatura appoggiò il governo di DC, perse lo 0.4% dei voti, che anche senza essere una erosione consistente indicò però come il proprio elettorato non avesse apprezzato fino in fondo la svolta governativa. Tuttavia le urne e le scelte dei partiti sembrarono indicare nella riedizione del centro sinistra l'unica formula possibile di governo. Il PSDI, cresciuto dell'1.5 % volle infatti utilizzare il proprio patrimonio di voti (6.1%) per riproporre la formula di governo a partecipazione socialista e anche il PRI con il suo 1,4% fu dello stesso avviso. L'aspetto problematico della vicenda è incentrato sulla difficile scelta della DC, che dopo la batosta elettorale è fortemente tentata di abbandonare il progetto politico di apertura a sinistra per riproporre la vecchia formula del centrismo, non trovando però disponibili i vecchi alleati. Ma è all'interno dello stesso partito che si gioca la partita tra la sinistra e la destra conservatrice, con Moro impegnato a difendere il proprio progetto politico di centrosinistra, contrastato dalla corrente di destra più che mai battagliera dopo i risultati elettorali. L'accordo di centrosinistra risultò inoltre di difficile attuazione anche perché i due principali partiti che avrebbero dovuto dargli vita, DC e PSI, escono sconfitti dalle elezioni e ebbero l'esigenza di proporre una nuova formula di governo capace di soddisfare anche la parte di elettorato che si rivelò più scettico nelle ultime elezioni. Insomma, il PSI deve fare un governo di centrosinistra con un programma molto avanzato di riforme per accreditarsi come vera e nuova forza di sinistra riformista, capace di trasformare dall'interno il paese e di dirigerlo verso una svolta socialista. La DC al contrario deve portare avanti un programma molto moderato di riforme, il minino necessario per accogliere le istanze di ammodernamento che giungono dalla società senza però spaventare il proprio elettorato più moderato conservatore, che costituisce una parte importante del suo consenso. Tali differenze di vedute resero estenuanti le trattative tra Nenni, segretario del PSI e Moro, al punto che i partiti della maggioranza si videro costretti a varare un primo governo monocolore democristiano guidato da Leone, che venne soprannominato *"governo balneare"* perché serviva unicamente ai partiti per guadagnare ulteriore tempo nelle contrattazioni sull'alleanza di governo. Conclusione: il Psi, si accontenta di un programma blandamente riformista, bilanciato dall'elezione alla carica di Presidente della Repubblica di Saragat, leader dei socialdemocratici. L'elezione di Saragat, si era resa necessaria dopo l'ictus che nell'estate del 1964 aveva colpito Segni. Nel 1957 al Congresso del PSI, Nenni si era dichiarato disponibile ad entrare in un governo con i cattolici e con le forze popolari. Al Congresso del 1959 Nenni ottenne il 58 per cento dei voti dei delegati e rilanciò la formula dell'alternativa democratica dichiarando che il PSI era pronto a sostenere un governo che gestisse il cambiamento e le riforme di cui il paese aveva bisogno. E la DC? Nel 1958, al termine della seconda legislatura repubblicana, la DC era al centro dello schieramento politico italiano e costituiva il perno di una democrazia bloccata dalla mancanza di alternative alla maggioranza governativa. Era guidata da Amintore Fanfani, che nel 1954 era stato eletto segretario e aveva inaugurato una fase di rinnovamento. Proprio in quegli anni, Fanfani potenziò la struttura organizzativa della DC, collegandola direttamente con i grandi centri della politica economica italiana e dell'industria di Stato. Uomo di punta della sinistra democristiana, Fanfani diede forza ad una nuova generazione legata al cattolicesimo sociale, che sosteneva l'intervento dello Stato nell'economia ed era fortemente critica verso l'impostazione liberista che aveva guidato i governi postbellici. In pratica gli anni dal 1958 al 1960 furono gli anni delle trattative e dei conflitti fra i sostenitori del centro sinistra e i suoi avversari. La destra democristiana, i liberali, il MSI, gli imprenditori italiani, la Coldiretti, il Vaticano e gli alleati americani costituirono un fronte decisamente ostile all'ingresso del PSI nel governo. Da parte loro, i socialisti dovettero combattere contro la sinistra del PSI ben più favorevole ad un dialogo con il PCI che a un'alleanza con i democristiani. Come spesso accade in Italia, i tempi della politica furono assai lunghi. Dopo il governo Fanfani, caduto nel febbraio del 1959 per l'opposizione dei franchi tiratori del suo stesso partito, la soluzione venne dall'interno della DC. Il 14 marzo del 1959, nel convento di S. Dorotea a Roma, Mariano Rumor, Emilio Colombo e Aldo Moro, esponenti della sinistra democristiana, misero in minoranza Fanfani. Accusato di gestire il partito in modo autoritario e accentratore, il segretario della DC dovette cedere le redini della DC ad Aldo Moro. Nell'ottobre 1959, durante il congresso della DC, il nuovo segretario fece accettare al partito la prospettiva del centro sinistra e ad evitare spaccature fra i democristiani. Nel febbraio del 1962, ebbe inizio la stagione del centro sinistra quando un nuovo governo Fanfani, al quale partecipavano la DC, il PRI e il PSDI, ebbe l'appoggio parlamentare dei socialisti. Le condizioni poste dal PSI, che aveva partecipato alla stesura del programma governativo, prevedevano la nazionalizzazione dell'energia elettrica, l'istituzione dell'ordinamento regionale regolato dalla Costituzione, la scuola media unificata, un piano di sviluppo per l'agricoltura e l'adozione della programmazione economica. Il 5 dicembre del 1963 con il governo presieduto da Aldo Moro i socialisti entrarono al governo. Nel giugno del 1967, la guerra dei sei giorni fra Israele e i paesi arabi vide i partiti laici e i socialisti schierarsi a favore di Israele. La DC, invece, si era fatta promotrice con Fanfani di una soluzione mediterranea, auspicando che l'Italia potesse assumere un ruolo decisivo nel Medio Oriente come interlocutore dei paesi arabi. Furono le elezioni del 1968 a determinare la fine della stagione del centro sinistra. La DC accrebbe di poco i propri consensi, arrestando l'emorragia a destra del 1963. Il PCI aumentò leggermente i propri voti, il PRI segnò una vittoria decisiva, mentre il PSU si vide sottrarre un quarto dell'elettorato, che nel 1963 aveva votato per il PSI e il PSDI, allora separati. Subito dopo le elezioni i due partiti socialisti tornarono a dividersi. E il *"miracolo economico"*? I tempi stavano mutando e come al solito la storia e la geografia, considerate da sempre materie complementari e inutili, erano invece lì pronte a presentare il conto delle scelte fatte. E' opportuno rammentare che l'Europa dopo la sconfitta di Hitler era spaccata in due, e che il pericolo di una terza guerra mondiale non era poi così improbabile. Da una parte c'erano i paesi che erano entrati a far parte della *"Nato"*, dall'altra i paesi occupati dai Russi che avevano costituito il *"Patto di Varsavia"*. I comunisti russi in pratica erano nel centro dell'Europa, pronti a mordere. Ma le guerre non si combattono esclusivamente con le forze armate, anzi questo mezzo è sempre l'ultimo ad essere impegnato. Prima si lavora ai fianchi, si conduce una sottile, costante, guerra psicologica. Si cerca di minare la base per far crollare tutto il sistema. Ed ecco che grazie alla profusione di soldi, alle capacità di agenti addestrati si può sferrare il colpo. Sorgono movimenti intellettuali, si stampano giornali, riviste, libri, si producono film, canzoni, insomma tutto il repertorio noto per portare l'acqua al proprio mulino. Ovviamente questi signori compivano il loro operato, professavano il loro credo con le garanzie e le comodità dell'occidente. Non hanno conosciuto il senso della deportazione, del gulag. I flussi di entrata e di uscita dai campi erano molto consistenti; il numero complessivo di detenuti fra il 1929 e il 1953 è stato di circa 18 milioni. Nell'ambito più ampio dei lavori forzati, si devono aggiungere circa 4 milioni di prigionieri di guerra, 700.000 detenuti nei campi di smistamento ed almeno 6 milioni di "confinati speciali", cioè Kulaki e altri contadini deportati durante la collettivizzazione, per un totale di 28.700.000. Il numero di morti è ancora oggetto di indagine: una cifra provvisoria è 2.749.163, ma tale cifra non tiene conto delle esecuzioni comunque legate al sistema giudiziario. Le sole esecuzioni per motivi politici sono state 786.098, circa 600.000 i Kulaki morti durante la collettivizzazione, mentre non si hanno dati relativi ai decessi successivi al periodo di detenzione ascrivibili alle dure condizioni di vita. Secondo Nicolas Werh, storico francese del Centre National de la Recherche Scientifique di Parigi, nel libro "Storia della Russia nel Novecento" alle pagine 318-9 si legge testualmente: "Le stime del numero di detenuti nel Gulag alla fine degli anni trenta variano tra i 3.000.000 (Timasheff, Bergson, Wheatcroft) e i 9-10.000.000 (Dallin, Conquest, Avtorkhanov, Rosefielde, Solzenicyn). Gli archivi del Gulag, confermati dai dati dei censimenti del

1937 e del 1939, dai documenti dei ministeri della Giustizia, dell'Interno e della Procura generale, danno una cifra di circa 2.000.000 di detenuti nel 1940 (circa 300.000 nel 1932, 1.200.000 all'inizio del 1937) a cui si aggiungono più di 1.500.000 deportati. Il numero cumulativo di ingressi nel Gulag durante gli anni 1930 diventa, tenuto conto dell'alta rotazione dei detenuti, di circa 6.000.000 di persone". Sempre nello stesso libro a pagina 416 si legge *"Come testimoniano gli archivi del Gulag, recentemente riesumati, gli anni 1945-53 conobbero un forte aumento del numero dei detenuti nei campi di prigionia e nelle colonie di lavoro del Gulag (passarono da 1.200.000 a 2.500.000 tra il 1944 e il 1953) e del numero di "deportati speciali" (1.700.000 nel 1943; 2.700.000 nel 1953)".* Ma ovviamente in quegli anni tutti tacciano, tutti soprassiedono, un po' come fecero con l'antisemitismo di Hitler, scoprendo e rimanendo inorriditi dell'eccidio di massa perpetrato. Ancora una volta tutti sapevano, ma quasi tutti tacevano. E cosa dire di un muro che divise in due la città di Berlino per 28 anni, dal 13 agosto del 1961 fino al 9 novembre 1989? Da quella notte del 13 agosto 1961, il muro di Berlino fece 943 vittime: tedeschi della Germania dell'Est che negli anni della Guerra Fredda vennero uccisi nel tentativo di fuggire in Occidente. Più di 100.000 cittadini della RDT hanno cercato di fuggire tra il 1961 e il 1988. ma ovviamente negli sessanta in occidente era molto di moda, in voga evocare il modello comunista russo, cinese, manifestare con in mano il famoso *"libro rosso di Mao"*, che ricordare i milioni di morti provocati da quella ideologia. Ancora oggi 2012 si ricordano gli eccidi di Hitler, ma si dimenticano quelli perpetrati dai regimi comunisti. Il tutto poi riesce ancora più facilmente se l'avversario è imbelle, timoroso, pauroso. I Russi di certo non hanno avuto né scrupoli né timori di sedare le rivolte con l'utilizzo dei carri armati, come pure i Cinesi. Sapevano, e lo sanno ancora oggi che l'occidente è debole, pronto a trattare, non è disposto a lottare. Questa è stata la forza del comunismo nel corso degli anni, e lo è ancora. Sanno perfettamente che possono alzare la voce quanto vogliono, tanto al massimo possono avere una reprimenda. Negli anni sessanta il movimento comunista russo sferra il suo attacco, attivando tutte le organizzazioni che operavano, ed operano ancora oggi, in occidente e che campavano, e campano ancora oggi, grazie ai loro soldi. I comunisti russi avevano imparato una lezione dai tedeschi, e non la scordarono mai: l'utilizzo di quello universalmente conosciuto come Lenin, pseudonimo di Vladimir Il'ič Ul'janov. Quando scoppiò la rivoluzione in Russia nel febbraio del 1917, Lenin era ancora esule in Svizzera. Giunse tranquillamente a Pietrogrado il 3 aprile, con il noto viaggio in treno all'interno di un vagone piombato, attraversando i territori controllati dalla Germania. Dopo lunghi e duri contrasti in seno al partito, nel quale Lenin, chiedeva di raggiungere la pace al più presto, nonostante il fatto che più volte fosse stato posto in minoranza, il 3 marzo 1918 il governo russo stipula, con il Trattato di Brest-Litovsk, la pace con gli Imperi Centrali a condizioni durissime: la Russia deve cedere la Polonia, la Lituania, la Lettonia, l'Estonia, la Finlandia, parte della Bielorussia, alcuni territori alla Turchia, riconoscere la Rada ucraina, pagare 6 miliardi di marchi e smobilitare l'esercito e la marina. Se Ulisse per battere Troia usò un cavallo, i tedeschi per chiudere il fronte utilizzarono lasciarono passare tranquillamente Lenin. Il comunismo utilizzò questa lezione scatenando manifestazioni, tensioni destinate a destabilizzare l'occidente. Abbiamo la visione concreta dei concetti politici mutuati dal mondo comunista, tanto sovietico quanto cinese, attraverso un movimento di contestazione del *"Sistema"* di portata molto ampia che cerca di minare alle fondamenta la struttura occidentale, influendo notevolmente, oltre che sul substrato politico, della società, anche sul linguaggio, sulla musica, sulla letteratura, sull'arte.

****

"Nel futuro ognuno sarà famoso al mondo per 15 minuti"

Andy Warhol

- Alcuni personaggi sono già forme di spettacolo, Andreotti è il dramma, Berlusconi è la commedia, Bossi è la farsa. (Dino Risi)

- Berlusconi è il più grave e pericoloso fenomeno politico in Europa. Rappresenta la più seria minaccia alla democrazia europea dal 1945. Il suo governo ha esercitato una maligna influenza sulla vita democratica italiana. Come si può tacere un simile argomento. (Martin Jacques)

- Berlusconi è un pazzo, pericoloso per la democrazia. (Oliviero Diliberto)

- Berlusconi è un premier che vive in erezione sulla scena pubblica. (Nichi Vendola)

- Berlusconi ha buon gioco, perché veniamo da un periodo di vuoto d'autorità. (Massimo D'Alema)

- Berlusconi ha riconfermato più volte in modo imbarazzante, anche perché sempre sorridente e faceto trattando una questione di una gravità morale gigantesca, la sua amicizia con Putin ed ha detto che il suo amico Putin, che deve essere un omonimo di quello che comanda a Mosca, non ne poteva più di udire i racconti strazianti di madri schiacciate dai carri armati (georgiani), donne violentate (dai georgiani) poveri soldati uccisi (russi) e così – quando ce vo' ce vo' – ad un certo punto anche un sant'omo come lui ha perso la pazienza e ha fatto ciò che ha fatto Hitler con la Polonia. (Paolo Guzzanti)

- Berlusconi mi ha detto che sono il più grande comico di questo secolo con Sordi e Totò. Gli sono grato per questo... e anche per aver perso le elezioni. (Paolo Villaggio)

- Berlusconi si scopa tutte queste ragazze in nome di tutti gli italiani, e questi lo devono ringraziare perché per governare bene bisogna scopare bene. (Vittorio Sgarbi)

- Berlusconi tratta gli alleati come un padrone del Settecento trattava gli schiavi. (Pier Ferdinando Casini)

- In Italia non c'è più opinione pubblica. Non parlo dell'opposizione, ma di qualcosa o qualcuno trasversale ai partiti, che comunque si riconosca in comuni valori democratici. E che, come succede in altri paesi, dovrebbe "punire" – mettiamoci le virgolette, per carità – un capo del governo che non ha senso dello Stato, che non va alle celebrazioni del 25 aprile, che aggredisce la magistratura, che ha come braccio destro un condannato per corruzione e come braccio sinistro un condannato per concorso in associazione mafiosa. E invece passano concetti come "agli italiani non interessa il conflitto di interessi, visto che hanno fatto vincere Berlusconi". Sì, ma interessa alla democrazia... La maggioranza delle persone, e non solo a destra, ormai considera normale che un uomo abbia il monopolio della tv, faccia politica e sia anche capo del governo. La sua vittoria è questa: ormai la bassa qualità della democrazia italiana è considerata un fatto normale, marginale (Nanni Moretti)

- Io con Berlusconi non ho nulla in comune: mi è bastato vederlo un paio di volte in vita mia per capire che bisogna evitarlo. Lo considero politicamente come l'Aids: se lo conosci lo eviti. (Antonio Di Pietro)

- Mi aspetto da Berlusconi che vada a fare le telepromozioni. Tra poco venderà tappeti in televisione. (Romano Prodi)

- Noi in liquidazione? Berlusconi confonde i desideri con la realtà, ormai vive in un'altra dimensione. A volte lo guardo e mi sembra un uomo di plastica che vuole farci vivere in un mondo di plastica, ma l'Italia non è così. (Dario Franceschini)

- Non odio Berlusconi. Si trucca e mette pure i tacchi. (Vladimir Luxuria)

- Quando sento Berlusconi prendere questa cosa alla leggera e scherzare sul fatto che Obama è "sempre abbronzato", mi fa strano. Lo si metterà sull'umorismo... Ma spesso, sono molto felice di essere diventata francese. (Carla Bruni)

- Sono stanco di ascoltare gli stessi slogan, le medesime promesse vane, la solita litania di numeri, di spese miliardarie senza coperture, di frasi pensate per compiacere la gente anziché dirle la verità. Dalla politica ho avuto moltissimo. Perché dovrei ingaggiare una battaglia al fianco di una persona in cui non credo più? (Pier Ferdinando Casini)

Questa è una sommaria, stringata panoramica di cosa hanno detto alcuni insigni personaggi su Silvio Berlusconi. Sorvolando sia sul modo sia sullo stile, verrebbe subito da domandarsi: cosa avrebbero detto, cosa avrebbero fatto se Silvio Berlusconi non avesse deciso di scendere in politica? Ma soprattutto di cosa avrebbero parlato? Dal 1994 la sinistra, e non solo quella, ha avuto modo di scoprire di essere coagulata esclusivamente per abbattere Silvio Berlusconi, che è divenuto il male, la personificazione dell'anti cristo, il faccendiere dalle mani sporche. Leggende metropolitane o cose realmente accadute, vogliono il giovane Silvio Berlusconi cantante sulle navi, accompagnato da Fedele Confalonieri al piano, esibirsi in brani di Gilbert Becaud, Yves Montand e di altri classici della canzone francese. E' ovvio che fare della facile ironia sia più semplice che affrontare e cercare di comprendere chi sia Silvio Berlusconi. Forse è da considerare appena superfluo che con 3340 giorni da presidente del Consiglio, sia il terzo politico italiano per durata complessiva al governo e il primo dell'Italia repubblicana ed inoltre abbia presieduto i due governi più duraturi dalla proclamazione della Repubblica. E' ovviamente più equo ricordare che per avviare la sua attività imprenditoriale nel 1961 nel campo dell'edilizia Berlusconi ottenne una fideiussione dalla Banca Rasini, indicata da Michele Sindona e in diversi documenti della magistratura, come la principale banca usata dalla mafia nel nord Italia per il riciclaggio di denaro sporco e fra i cui clienti si potevano elencare Totò Riina, Bernardo Provenzano e Pippo Calò. E' ovvio che si deve sottacere che nella società fondata da lui e Pietro Canali impegnò 30 milioni di lire, provenienti dalla liquidazione anticipata di suo padre Luigi, procuratore della Banca Rasini. Ovviamente è ricordato da tutti che il resto venne da una fideiussione fornita dalla stessa banca. E' logico e normale l'assioma *"banca usata dalla mafia"* con *"i soldi di Berlusconi vengono dalla mafia"*, come se lui fosse già così importante e utile per cui l'organizzazione mafiosa decidesse di fargli avere una fideiussione. Ma forse sarebbe anche utile conoscere quante di queste operazione la banca aveva fatto, a chi le aveva concesse, in maniera tale che si possano aprire indagini anche su queste persone, come pure sapere quanti e chi fossero i correntisti, giusto per verificare quanti erano legati alla mafia. Ma forse non chiamandosi Silvio Berlusconi non interessa a nessuno sapere che il signor Mario Rossi correntista della banca fosse o meno legato alla mafia, se andasse a prendere l'aperitivo con Sindona. Giusto Michele Sindona: un elenco molto lungo quello riguardante le sue altolocate amicizie, e certamente già nel 1961 Silvio Berlusconi occupa incarichi, può manovrare prelati, finanzieri per cui riesce ad ottenere una fideiussione. Certo nessuno avrebbe mai immaginato che a ventiquattro anni Silvio Berlusconi potesse vantare già un tale credito per cui esigere piaceri e favori.

****

"Il mondo è tutto ciò che accade"

Ludwig Wittgenstein

Nell'aprile del 1993 un referendum popolare modifica la legge elettorale per il Senato e si passa dal proporzionale al sistema maggioritario a turno unico. In questa sede è anche opportuno che proprio nel 1993 gli Italiani si esprimono anche per l'abolizione del finanziamento pubblico ai partiti e per la soppressione di tre Ministeri. Ma nello stesso dicembre 1993 sotto il governo Ciampi il Parlamento aggiorna, con la legge n. 515 del 10 dicembre 1993, la già esistente legge sui rimborsi elettorali, definiti *"contributo per le spese elettorali"*, subito applicata in occasione delle elezioni del 27 marzo 1994. Per l'intera legislatura vengono erogati in unica soluzione 47 milioni di euro. La legge n. 2 del 2 gennaio 1997, sotto il governo Prodi, intitolata *"Norme per la regolamentazione della contribuzione volontaria ai movimenti o partiti politici"* reintroduce di fatto il finanziamento pubblico ai partiti. Il provvedimento prevede la possibilità per i contribuenti, al momento della dichiarazione dei redditi, di destinare il 4 per mille dell'imposta sul reddito al finanziamento di partiti e movimenti politici, pur senza poter indicare a quale partito, per un totale massimo di 56.810.000 euro, da erogarsi ai partiti entro il 31 gennaio di ogni anno. Per il solo anno 1997 viene introdotta una norma transitoria che fissa un fondo di 82.633.000 euro per l'anno in corso. Il Comitato radicale promotore del referendum del 1993 sull'abolizione del finanziamento pubblico tenta il ricorso rispetto al tradimento dell'esito referendario, ma pur essendo stato riconosciuto in precedenza come potere dello Stato, gli viene negata dalla Corte Costituzionale la possibilità di depositare tale ricorso. La legge n. 157 del 3 giugno 1999, sotto il governo D'Alema, reintroduce un finanziamento pubblico completo per i partiti. Il rimborso elettorale previsto non ha infatti attinenza diretta con le spese effettivamente sostenute per le campagne elettorali. La legge 157 prevede cinque fondi: per elezioni alla Camera, al Senato, al Parlamento Europeo, Regionali, e per i referendum, erogati in rate annuali, per 193.713.000 euro in caso di legislatura politica completa, l'erogazione viene interrotta in caso di fine anticipata della legislatura. La legge entra in vigore con le elezioni politiche italiane del 2001. La normativa viene modificata dalla legge n. 156 del 26 luglio 2002, *"Disposizioni in materia di rimborsi elettorali"*, che trasforma in annuale il fondo e abbassa dal 4 all'1% il quorum per ottenere il rimborso elettorale. L'ammontare da erogare, per Camera e Senato, nel caso di legislatura completa più che raddoppia, passando da 193.713.000 euro a 468.853.675 euro. Infine, con la legge n. 51 del 23 febbraio 2006 l'erogazione è dovuta per tutti e cinque gli anni di legislatura, indipendentemente dalla sua durata effettiva. Con quest'ultima modifica l'aumento è esponenziale. Con la crisi politica italiana del 2008, i partiti iniziano a percepire il doppio dei fondi, giacché ricevono contemporaneamente le quote annuali relative alla XV Legislatura della Repubblica Italiana e alla XVI Legislatura della Repubblica Italiana. Ecco un prospetto per partito, in base alle elezioni del 2008: Il Popolo della Libertà 160.446.990 €; Lega Nord 35.339.331 €; Movimento per l'Autonomia 4.670.297 €; Unione di Centro 24.018.774 €; Italia dei Valori 8.427.608 €; La Sinistra - l'Arcobaleno 13.356.565 €; La Destra 9.629.998 €. Ma questo non è l'unico scandalo che si perpetua a danno dei cittadini.

****

*"Non fare mai le cose di cui sei solito
biasimare gli altri:
è vergognoso venire sconfessati
dalle proprie colpe"*

Catone

Berlusconi viene sempre accusato di tutto, ogni suo gesto, pensiero, opinione è fonte esclusiva di critiche. Sembra quasi che non sia altro che un incapace. Ma i signori che criticano tanto cosa hanno fatto per questo paese? Chi ha governato per tanto tempo come ha ridotto l'Italia? Quante furono le scellerate scelte fatte e di cui ancora oggi paghiamo le conseguenze? E le occasioni perdute? Ricordiamone una: la televisione a colori. Si incominciò a parlare di televisione a colori nel 1961, anno di nascita del Secondo Programma, poi nel 1967 allorquando la Gran Bretagna incominciò a trasmettere col sistema PAL. Parve poi certo che l'anno fatidico per l'Italia sarebbe stato il 1970, tanto che la RAI incominciò le sue prime prove tecniche trasmettendo al mattino una serie di immagini statiche a colori, con commenti musicali quali il *"Valzer dei fiori"* di Tchaikovskij. Purtroppo, un'interrogazione dell'onorevole repubblicano Ugo La Malfa destò il timore che gli italiani si sarebbero indebitati fino all'osso per acquistare gli allora costosissimi televisori a colori, sollevando il timore di una possibile spinta verso il consumismo e l'inflazione. La decisione di dare il via alla programmazione a colori trovò quindi un feroce oppositore in Ugo La Malfa, il segretario del Partito Repubblicano che temeva (?) un rilancio dei consumi in tempi in cui, a suo parere, era prioritario il contenimento dell'inflazione. Secondo l'esponente politico l'Italia doveva prevedere un periodo di sacrifici per contenere il debito verso l'estero in una fase in cui la bilancia dei pagamenti era fortemente in passivo. Quando arriva il colore con un ritardo di dieci anni molte aziende del settore hanno ormai chiuso. Nei primi anni Sessanta c'erano 22 grosse industrie e marchi nazionali pronte a soddisfare la domanda. Per la ricerca e l'impiantistica, avevano impegnato grosse risorse. All'appuntamento avevano già chiuso o smantellato il settore, mentre le maggiori stazioni Tv attorno all'Italia trasmettevano già a colori, e un televisore per la ricezione a colori, di provenienza estera e clandestina, lo si trovava in Italia in ogni luogo. A Forcella a Napoli si vendevano dal 1971 solo televisori a colori, così nel Veneto, così in Liguria, Piemonte e in Lombardia. La tv a colori in alcuni Paesi arriva addirittura nei primi anni Sessanta mentre nel grosso dell'Europa arriva nel corso degli anni Sessanta. L'Italia era già un po' in ritardo ma sostanzialmente aveva deciso che nel 1972 avrebbe risolto il problema. C'era però una questione fondamentale che era lo standard. All'epoca la televisione a colori in Europa ne aveva due, poi c'era un terzo standard che era quello americano, presente con piccole variazioni in Giappone. Ci sono dunque questi tre standard. Quello tedesco e quello francese in Europa si facevano una grossa concorrenza tra di loro. Lo standard tedesco era il Pal (Phase Alternation by Line). Lo standard francese era il Secam (Séquentielle Couleur à Memoire). Dal punto di vista della qualità non ci sono grosse differenze. Qual è il problema degli standard? Se la televisione di un paese sceglie un certo standard esclude l'altro, quindi i produttori di apparecchi televisivi dell'area dello standard che è stato selezionato sono molto favoriti. Il Pal favoriva fortemente l'industria tedesca e la Philips che lo aveva adottato, mentre il Secam favoriva l'industria francese, soprattutto la Thomson e sul Secam contava in parte anche un settore dell'industria italiana, le varie Zanussi di Pordenone eccetera, che all'epoca erano ancora molto importanti sul mercato mondiale degli elettrodomestici e che speravano col Secam di riuscire a imporsi su una serie di mercati diversi da quelli del Pal dominati appunto da Philips e dall'industria tedesca. La decisione iniziale del governo italiano è voluta in particolare da Fanfani, il quale decise di puntare sul Secam, che era stato adottato oltre che in Francia, anche in Unione Sovietica e in diversi Paesi arabi. La scelta tecnologica potrebbe sembrare nell'ottica di oggi quasi una diatriba da cortile, ma è importate ricordare che gli standard tecnici, da quando le tecnologie sono diventate decisive nella vita quotidiana delle persone, cioè dall'inizio del Novecento, sono un aspetto fondamentale del vivere e quindi sono un forma di cui gli stati nazionali si interessano. In particolare il colore televisivo era uno degli aspetti cui gli Stati europei si interessavano moltissimo perché la televisione era, all'epoca, di Stato, e perché la televisione a colori si proponeva come un aspetto importante del futuro economico e industriale di vari Paesi. Quindi Fanfani punta sostanzialmente sull'asse mediterraneo e aperto ai Paesi dell'Est e quindi sull'accordo con la Francia. La cosa sembra fatta nel 1972. Ma cosa succede? Quasi subito il Partito repubblicano di Ugo La Malfa, ottenendo l'appoggio dei sindacati, comincia a contrastare la televisione a colori. La motivazione ufficiale è che la televisione a colori è una forma di consumismo che l'Italia non si può permettere dal punto di vista economico e che non si può permettere dal punto di vista etico perché c'è la crisi del petrolio e abbiamo bisogno del massimo di solidarietà tra gli italiani di fronte a questi problemi. Su questo terreno La Malfa ottiene una grossa simpatia sia da parte di Lama, sia da parte di Berlinguer. Ettore Bernabei nel libro-intervista che gli ha fatto Giorgio Dell'Arti "*L'uomo di fiducia*", ha dichiarato esplicitamente che "*La Malfa per questa operazione prese soldi dai tedeschi, cioè sostanzialmente che la socialdemocrazia tedesca usò direttamente con La Malfa, e forse anche con i settori più vicini del sindacalismo italiano, forti pressioni per fare in modo che la decisione di andare con lo standard francese fosse revocata"*. Ma dietro a tutto ciò vanno anche ricordate le pressioni esercitate dagli ambienti industriali, in particolare dal mondo Fiat. La televisione a colori all'inizio costava moltissimo e quindi si temeva che molte famiglie trovandosi a dover scegliere tra rinnovo dell'automobile e televisione a colori puntassero su quest'ultima. E tutte le aziende che si stavano preparando alla televisione a colori e ai negozi che si apprestavano a venderla? Assistiamo al crollo dell'industria italiana del colore televisivo perché, non essendoci ancora la televisione a colori in Italia, non si sentono più di fare grossi investimenti in questo settore. Quindi si ha prima una fase in cui la gente va a comprare televisori a colori Grundig, Telefunken, Philips, e poi quando finalmente la televisione a colori arriva nel nostro paese, l'industria italiana del colore si trova di fronte non alla concorrenza della Thomson, che non se la fila più nessuno, ma di Philips, Grundig, Telefunken, e vengono miseramente schiacciati. Un altro aspetto della faccenda che merita di essere ricordato e che nel 1972 venne fatta l'ipotesi di un sistema di televisione a colori tutto italiano, l'ISA, concepito dalla torinese Indesit. Il progetto ISA suscitò grande interesse ma stranamente non venne accettato dal Governo italiano a causa della sua non conformità con i sistemi europei esistenti(?). Nell'estate del 1974 il CIPE, Comitato Interministeriale per la Programmazione Economica, ufficializzò il sistema che sarebbe stato adottato per le trasmissioni a colori in Italia: il PAL, progettato dall'AEG Telefunken e adottato con successo in Germania e nei Paesi anglosassoni. Ma molto probabilmente non furono né le pressioni degli industriali capeggiati dalla Fiat, timorosa che la gente scegliesse liberamente fra la macchina o il televisore, né le eventuali mazzette volate per scegliere se fosse meglio il Pal o il Secam, e poco importò se nei primi anni Sessanta c'erano 22 grosse industrie e marchi nazionali pronte a soddisfare la domanda, e successivamente ci trovammo colonizzati da marchi stranieri, molto probabilmente Ugo La Malfa aveva già intravisto il vero nemico italico: Silvio Berlusconi. Peccato però che la prima emittente televisiva privata italiana a infrangere il monopolio pubblico della RAI, fu Telebiella originariamente via cavo, creata nel 1972 da Giuseppe Sacchi detto Peppo, ex regista della RAI, in un ex convitto situato nel centro di Biella. In quegli anni Silvio Berlusconi era impegnato nella costruzione di Edilnord e Milano 2. Giuseppe Sacchi sfruttò una lacuna del codice postale che, risalendo al 1936, non contemplava il divieto dell'esistenza della televisione via cavo. Telebiella venne registrata in tribunale il 20 aprile 1971 come *"Giornale periodico a mezzo video"*. Le trasmissioni via cavo di Telebiella vennero inaugurate il 6 aprile 1972 con un messaggio di presentazione di Ivana Ramella, moglie di Giuseppe Sacchi. Nonostante la focalizzazione sull'informazione, con telegiornali e talk show, Telebiella ospitò anche la prima trasmissione *"leggera"* di spettacolo non della Rai, l'ormai storico *"Campanile in vasca"*. La reazione della Rai e del mondo politico non si fece attendere. Il governo emanò il DPR n. 156 del 29/3/1973, il *"Testo unico in materia di comunicazioni"*, che unificava tutti i mezzi di comunicazione a distanza in una sola categoria, rendendo così illegali i canali privati. Poi, con decreto 9 maggio 1973 il ministro delle Poste, Giovanni Gioia, dispose la disattivazione dell'impianto di Sacchi, diffidandolo a procedere entro dieci giorni. La questione divenne di rilevanza politica nazionale perché il segretario del Partito repubblicano, Ugo La Malfa protestò per essere stato tenuto all'oscuro del Dpr governativo e chiese le dimissioni del ministro Gioia. Non le ottenne e ritirò l'appoggio esterno al governo presieduto da Giulio Andreotti, che fu costretto a dimettersi nel successivo mese di giugno. Nel frattempo, il ministero delle Poste aveva atteso inutilmente il termine del 1° giugno; i titolari non ottemperarono l'ordine, quindi fu eseguito il decreto: il cavo che collegava l'emittente alla rete cittadina venne reciso. Telebiella avviò quindi una coraggiosa battaglia legale. Sacchi ebbe la geniale idea di farsi denunciare da un amico per violazione delle norme in materia postale, perché contravvenivano al monopolio assegnato alla RAI.

I giornali raccontarono la sua storia e la tv via cavo fu presto sulla bocca di tutti. Tutti gli organi d'informazione parlarono di *"Telebiella denunciata"*, e il caso venne ulteriormente ampliato quando il Pretore, Giuliano Grizi, interruppe il procedimento nei confronti del Sacchi, e in qualità di giudice a quo sollevò dubbio di incostituzionalità alla Corte costituzionale. La Corte Costituzionale accolse buona parte delle motivazioni di Sacchi. Con sentenza n. 225 del 1974 dichiarò sulla televisione via cavo l'illegittimità costituzionale degli artt. 1, 183 e 195 del *"Testo unico"*, che riservavano allo Stato il monopolio televisivo. Con successiva sentenza n. 226 del 1974 liberalizzava la collocazione sul territorio nazionale dei ripetitori di reti televisive estere, Antenne 2 francese, TMC-Telemontecarlo, RSI - Radiotelevisione svizzera di lingua italiana e TV Koper-Capodistria. L'anno successivo il Parlamento emanò la legge 103/75, la *"Legge di riforma"*, che autorizzava le trasmissioni via cavo monocanale ed anche la ripetizione via etere sul territorio italiano delle emittenti estere, Francia, Svizzera, Montecarlo, Capodistria. Telebiella riprese a trasmettere via cavo, affiancata da un canale radiofonico via etere, Radiobiella. Nel 1976 la Corte costituzionale, con la sentenza n. 202, autorizzò anche le trasmissioni radiotelevisive via etere in ambito locale. La materia non venne regolamentata dalla legge se non dal cosiddetto decreto Craxi in un senso dichiaratamente favorevole alle nascenti grandi reti televisive commerciali in quanto si basava sulle interconnessioni di emittenti private su scala nazionale (syndication), principio poi dichiarato incostituzionale. In un tale quadro legislativo le piccole televisioni libere, come Telebiella, rimasero completamente soccombenti, continuando una vita stentata. Telebiella ha comunque il riconoscimento morale del ruolo avuto, per essere stata la prima a ribellarsi all'ingiusto divieto di trasmettere, culminato in un intervento in videoconferenza del ministro Paolo Gentiloni in un convegno celebrativo. A tv Biella passarono Daniele Piombi, il giovane Ezio Greggio, Fatma Ruffini, Enzo Tortora e Vanna Brosio, Bruno Lauzi per citare alcuni nomi. Grande sostenitore di Telebiella fu Enzo Tortora, allora in rotta di collisione con la TV di Stato.

****

*"Si può ragionevolmente ritenere
che chi pensa che il denaro possa tutto,
sia egli stesso disposto a tutto per il denaro"*

Benjamin Franklin

Uno vecchio sketch televisivo Raimondo Vianello, interpretando se stesso, riceveva i consigli di un funzionario della RAI che gli suggeriva di tagliare dai suoi testi ogni riferimento alla politica e alla società, che non sarebbero stati compresi da *"un contadino di Poggio Versezio"*. Il funzionario diventa talmente insistente da convincere Vianello a recarsi nell'immaginaria cittadina di Poggio Versezio per consultare di persona il contadino così importante per la programmazione della RAI. Molti politici prima di esternare i loro pensieri farebbero meglio a consultare il mitico contadino di Poggio Versezio. Ma si sa l'arroganza è tanta per cui non si può sperare che questo avvenga. Berlusconi viene additato come manovratore, come conduttore del paese verso lo sfacelo, ma come era la situazione all'inizio del dopo guerra? Nel 1948 le elezioni assegnarono un ampio successo elettorale alla coalizione della DC, portando il suo leader Alcide De Gasperi alla Presidenza del Consiglio. Dopo l'erosione dell'elettorato democristiano, venne approvata nel 1953, a ridosso delle elezioni, una legge proporzionale con premio di maggioranza, conosciuta col nome di *"legge-truffa"*, per le modalità con le quali nacque, ma soprattutto per il fatto che si assegnava un premio piuttosto alto, il 60% dei seggi, alla coalizione di partiti che avessero ottenuto il 50% più uno dei voti. L'enorme clamore suscitato dall'approvazione della Legge fece sì che il premio non venisse assegnato al partito con la maggioranza relativa, rendendo precaria la leadership della DC, partito di maggioranza relativa, all'interno della coalizione presentatasi nelle elezioni del 1953. Infatti, nelle elezioni del 1953 la coalizione dei partiti DC, e partiti vicini, non raggiunse la soglia del 50% più uno dei voti richiesti, e il premio di maggioranza non venne assegnato, indebolendo fortemente la DC e la forza centrista. L'assetto politico si spostò, in questo periodo, verso un sistema sempre più policentrico. Infatti dopo il 1953 le coalizioni sono sempre meno coese e più allargate. Nel 1962 vince la prima maggioranza di centro-sinistra che perde il PLI ma comprende il PSI, staccatosi dal PCI. In seguito, negli anni 1970, caratterizzati da forti difficoltà economiche e sociali, si sperimentarono le formule del governo di *"unità"* o *"solidarietà"* nazionale con la partecipazione del PCI al governo del paese, e all'opposizione restò solo la destra. Il tentativo però fallì presto a causa della incompatibilità tra PCI e DC. Nacque così la nuova formula: il pentapartito

(DC, PSI, PSDI, PRI, PLI) che formarono tutti i governi dagli anni 1980 fino alla crisi del 1992. Nel tempo le cose non sono di certo migliorate. Sfido chiunque a comprendere con quale sistema si voti in Italia nella galassia delle varie elezioni, partendo da quelle della circoscrizione per arrivare a quelle politiche ed europee. Un caos. Per poi cercare di comprendere le assegnazioni dei seggi necessitano matematici di alto spessore. Tra quorum, liste chiuse, aperte, maggioritario, proporzionale, misto, semimisto, uninominale, polinomiale, primo turno, secondo turno, coalizioni, voto disgiunto, sistema uninominale a voto alternativo con maggioranza assoluta, eccetera eccetera. Un marasma indefinibile. Tanto per comprenderci riporto alcuni esempi. Nella prima famiglia di metodi proporzionali, si stabilisce un quoziente elettorale che sarà il costo di un seggio in termini di voti, e si vede quante volte tale quoziente entra nel totale dei voti che una lista ha preso in una circoscrizione. La parte decimale del quoziente servirà per assegnare i seggi che non si è riusciti ad assegnare con le parti intere del quoziente. Tali seggi andranno alle liste che avranno i resti più alti in ordine decrescente.

Per individuare questo quoziente elettorale, ci sono vari metodi:

Quoziente Hare (o Naturale): si divide il totale dei voti validi (V) per il numero dei seggi da assegnare nella circoscrizione (S);

Quoziente Hagenbach-Bischoof: si divide il totale dei voti validi (V) per il numero dei seggi da assegnare nella circoscrizione più uno;

Quoziente Imperiali: si divide il totale dei voti validi (V) per il numero dei seggi da assegnare nella circoscrizione più due (S+2);

Quoziente +3: si divide il totale dei voti validi (V) per il numero dei seggi da assegnare nella circoscrizione più tre (S+3);

Quoziente Droop: si divide il totale dei voti validi (V) per il numero dei seggi da assegnare nella circoscrizione più uno (S+1) e al tutto si aggiunge un' unità. I metodi più utilizzati sono i quozienti Hare e Hagenbach-Bischoof. Passando da Hare ad Hagenbach-Bischoof ad Imperiali, si riducono i resti e i seggi da assegnare in base a questi, favorendo in misura crescente le liste più votate; con il metodo Droop invece, si ottengono risultati pressoché identici all' Hare. Nella seconda famiglia di metodi proporzionali, quello dei divisori e le più alte medie, si dividono i voti totali di ciascuna lista di candidati in un collegio per una serie di coefficienti lunga fino al numero di seggi da assegnare nel collegio, e si assegnano i seggi alle liste in base ai risultati in ordine decrescente, fino ad esaurimento dei seggi da assegnare. La serie dei divisori è ciò che differenzia i vari metodi:

Metodo D'Hondt (noto in USA come metodo Jefferson): si dividono i totali di voti delle liste per 1, 2, 3, 4, 5, 6, 7, 8, ... fino al numero di seggi da assegnare nel collegio.

Metodo Nohlen: si dividono i totali di voti delle liste per 2, 3, 4, 5, 6, 7, 8, 9, ...

Metodo Sainte-Laguë (noto in USA come metodo Webster): si dividono i totali di voti delle liste per 1, 3, 5, 7, 9, 11, 13, 15, ...

Metodo Sainte-Laguë corretto o Metodo danese: si dividono i totali di voti delle liste per 1.4, 3, 5, 7, 10, 13, 16, 19, 22, ...

Metodo belga: si dividono i totali di voti delle liste per 1, 1.5, 2, 2.5, 3, 3.5, 4, 4.5, ...

Metodo Huntington: si dividono i totali di voti delle liste per 1.41, 2.45, 3.46, 4.47, ...

Dal punto di vista degli esiti, il metodo più favorevole ai piccoli partiti è il Sainte-Laguë, il più favorevole ai grandi partiti è il Nohlen, seguito dal D'Hondt.
Il sistema proporzionale può prevedere o meno la possibilità per l'elettore di esprimere una o più preferenze per un candidato all'interno della lista votata. In questo

caso, vengono eletti nell'ambito di ogni lista i candidati che hanno ottenuto il numero maggiore di preferenze. Se invece non è previsto il voto di preferenza, i candidati vengono scelti secondo l'ordine in cui compaiono in lista, delegando ai partiti l'individuazione degli eletti: si parla in questo caso di lista bloccata. Il voto di preferenza ha benefici controversi. A favore vi è la maggiore possibilità di scelta per l'elettore; contro vi è il fatto che il singolo candidato, per ottenere la preferenza, è costretto ad una costosa campagna elettorale personale, e la necessità di raccogliere i fondi necessari può potenzialmente stimolare episodi di corruzione. Le modalità di indicazione della persona prescelta sono due: spuntare il nome in una lista dei candidati prestampata sulla scheda elettorale, oppure scrivere il nominativo per esteso. La seconda modalità è soggetta a una maggiore discrezionalità dei presidenti di seggio, che possono stabilire se sono valide o meno le schede che non riportano interamente nome e cognome, le iniziali o diverse abbreviazioni, oppure parole aggiuntive che non fanno parte del nome del candidato. Questa seconda modalità è adatta al controllo dei voti clientelari. Il voto è anonimo, ma l'elettore in cambio di favori personali può accordarsi per scrivere il nominativo con il nominativo completo di secondo nome e alcune parti abbreviate, creando un numero di combinazioni che rendono riconoscibile un numero elevato di schede e verificabile il rispetto di altrettanti accordi clientelari. Mi fermo qui nel portare esempi e rappresentare il modo con cui si è intesa la parola democrazia. Si è creato, e si creano e si creeranno sistemi elettivi che vanno ben oltre dell'umana comprensione, e il tutto non per garantire governabilità, stabilità, ma per dare la possibilità di poter continuare a intendere la politica nella peggiore maniera. L'elettore è ovviamente l'anello debole della catena, colui il quale in teoria avrebbe in suo possesso l'arma per eccellenza, cioè il voto, ma in sostanza è un'arma spuntata. Forse, anche se è triste il doverlo ammettere, l'ultima possibilità con cui il cittadino – elettore potrebbe farsi sentire è un fortissimo assenteismo. Il non essere andato a votare, il non esprimere con esso una scelta, forse potrebbe fare capire alla casta dei politici che è giunto il tempo di scendere dal piedistallo e ritornare a comportarsi come esseri mortali. Ma siamo in Italia!

****

*"Tutto nasce dalla terra
e nella terra tutto muore"*

Senofane

Nel dicembre 1963 Aldo Moro divenne, a soli 47 anni, presidente del Consiglio. Formò il suo primo governo con una coalizione inedita: DC, PSI, PSDI e PRI; fu il primo governo del centro-sinistra. La sua intenzione dominante era di allargare la base democratica del sistema di governo, vale a dire che il vertice del potere esecutivo avrebbe dovuto rappresentare un numero più ampio di partiti e di elettori. Questo sarebbe stato possibile solo con un gioco di alleanze aventi come fulcro la DC, seguendo così una linea politica secondo il principio di democrazia consociativa. Negli anni settanta e soprattutto dopo le elezioni del 1976, che videro un'avanzata del Pci sulla Dc, Moro concepì l'esigenza di dar vita a governi di *"solidarietà nazionale"*, che avessero una base parlamentare più ampia, comprendente anche il PCI. Questo fatto rese Moro oggetto di aspre contestazioni. Molti critici lo accusarono di volersi rendere artefice di un secondo *"compromesso storico"*, più clamoroso di quello con Nenni in quanto prevedeva una collaborazione di governo con il Partito Comunista di Enrico Berlinguer, che ancora faceva parte della sfera d'influenza sovietica. Aldo Moro fu uno dei leader politici che maggiormente prestarono attenzione al progetto di Berlinguer, che con lo *"strappo da Mosca"* si era reso accettabile a una parte degli elettori della Democrazia cristiana. Il segretario nazionale del Partito Comunista Italiano aveva proposto un accordo di solidarietà politica fra i comunisti e cattolici, in un momento di profonda crisi sociale e politica in Italia. La conseguenza fu un intenso confronto parlamentare tra i due schieramenti, che fece parlare di *"centralità del Parlamento"*. All'inizio del 1978 Moro, allora presidente della Democrazia Cristiana fu l'esponente politico più importante fra coloro che ritennero percorribile una strada per un governo di *"solidarietà nazionale"*, che includesse anche il PCI nella maggioranza, sia pure senza fare entrare direttamente nel Governo, in una prima fase, dei ministri comunisti. Aldo Moro è ricordato come statista, ma non come l'autore del famigerato trattato di Osimo. Nel 1975 a Osimo venne firmato un *"trattato"* tra Italia e Jugoslavia, caldeggiato dall'allora PCI, con il quale il governo Moro cedeva la zona *"B"* all'amico Tito. E' giusto rammentare che fino al 1975, l'Istria era territorialmente ancora italiana, anche se amministrata in *"via temporanea"* dalla Jugoslavia. Perché allora regalarla a Tito? Giulio Andreotti diceva spesso che *"a pensare male si fa peccato, ma spesso ci si azzecca"* e per rimanere nel sentiero tracciato non ci si può esimere nel credere che il trattato di Osimo risultò un bel regalo, una specie di dote che Moro portò per ingraziarsi i comunisti italiani. Nel trattato l'Italia si accontentò solo di qualche promessa a favore degli esuli, ma una volta definito l'abbandono, un fatto che può essere definito come un atto di tradimento contro l'Italia, la Jugoslavia arrivò a vietare **solo** agli italiani di acquistare immobili e terre.

Nel trattato, però, Tito accettò una clausola, che all'epoca evidentemente parve al *"maresciallo"* di poco conto non credendo che potesse trovare applicazione, e cioè che l'Istria sarebbe stata indivisibile, pena il decadimento dell'accordo stesso.I fatti non prevedibili di Tito sono invece avvenuti, l'Jugoslavia intesa come c'era Tito non esiste più, ma il fatto importante è stato che l'Istria, terra prima appartenuta alla Serenissima, poi Asburgica e alla fine della prima guerra mondiale tornò ad essere Italia, è stata divisa tra Slovenia e Croazia e quindi, in netto contrasto con il trattato di Osimo, e quindi vi sarebbero state tutte le premesse per sollevare un'istanza di revisione internazionale.

Ma chi c'era al governo? Ricordiamo sommariamente il periodo. Le guerre jugoslave sono state una serie di conflitti armati, inquadrabili tra una guerra civile e conflitti secessionisti, che hanno coinvolto diversi territori appartenenti alla Repubblica Socialista Federale di Jugoslavia tra il 1991 e il 1995, causandone la dissoluzione. Allora iniziamo inquadrando i fatti:

X Legislatura (2 luglio 1987 - 2 febbraio 1992): elezioni politiche il 14 giugno 1987, Governo Andreotti VII, Governo Andreotti VI, Governo De Mita, Governo Goria;

XI Legislatura (23 aprile 1992 - 16 gennaio 1994): elezioni politiche il 4 aprile 1992, Governo Ciampi, Governo Amato

XII Legislatura (15 aprile 1994 - 16 febbraio 1996): elezioni politiche il 27 marzo 1994, Governo Dini, Governo Dini - (17.01.1995 - 17.05.1996)

Governo Berlusconi, I Governo Berlusconi - (10.05.1994 - 17.01.1995)

XIII Legislatura (9 maggio 1996 - 9 marzo 2001): elezioni politiche il 21 aprile 1996, Governo Amato II, Governo D'Alema II, Governo D'Alema, Governo Prodi.

Dini, D'Alema e Prodi, i governatati del periodo in questione, non stavano di certo a pensare di sollevare un'istanza di revisione internazionale al trattato di Osimo. Quindi abbiamo in sostanza un secondo tradimento. E' opportuno ricordare anche se sommariamente non essendo questo materia del libro, che durante e subito dopo la seconda guerra mondiale un gran numero di italiani fu soppresso dai partigiani titini. Sulla quantificazione delle vittime vi sono tuttora aspri dibattiti. I sostenitori di Tito infierirono anche contro i propri oppositori politici sloveni e croati. Queste uccisioni sommarie, precedute in alcuni casi da sevizie e maltrattamenti in Istria ebbero il chiaro intento di infondere il terrore nella popolazione italiana, inducendola a lasciare il territorio. Negli anni del dopoguerra il protrarsi della dura repressione da parte delle autorità comuniste jugoslave, provocò in tal modo la fuga della gran maggioranza degli Italiani autoctoni. Si stima che circa il 90% degli appartenenti al gruppo etnico italiano abbia abbandonato definitivamente l'Istria. Le nuove autorità slave provvidero a cancellare anche la memoria della presenza italiana in Istria: i monumenti furono abbattuti, le tombe divelte dai cimiteri, la toponomastica cambiata. Le proprietà italiane vennero interamente confiscate ed assegnate agli slavi che vennero insediati nella regione ormai vuota dei suoi precedenti abitanti.

****

"Si è sempre figli di qualcuno"

Pierre Beaumarchais

Il Financial Times scrisse su Silvio Berlusconi "*Il premier è come il suo amico Gheddafi*". Sui rapporti fra Gheddafi e Silvio Berlusconi si sono consumati tonnellate di carta e chili di toner. Tutti sono stati pronti ad puntare l'indice su questa "*amicizia*". Se è vero che il 10 giugno 2009 Gheddafi si reca per la prima volta in Italia in visita di Stato, ove soggiorna tre giorni, perché però si dimentica che Massimo D'Alema fu il primo premier europeo a visitare la Libia da quando l'Onu, nel 1992, stabilì le sanzioni per l'attentato di Lockerbie? E le foto delle strette di mano fra Prodi e Gheddafi che fino hanno fatto? Come mai la sinistra dimostrò tanto ferocemente nei confronti di Berlusconi per l'apertura nei confronti di Gheddafi quando, ad esempio, il 21 ottobre del 1996, dopo un incontro con Hosni Mubarak, Prodi mostrò apprezzamento per le parole del presidente egiziano sui "*cambiamenti della politica di Gheddafi*", e salutò quel processo come un "*punto di riferimento importante per la politica estera*"? Questi sono i famosi misteri italici. A quanto pare alle volte la memoria sembra fare cilecca, o forse per meglio dire viene volutamente obliata. Era il 9 luglio del 1998, in piena fase di sanzioni Onu, quando Lamberto Dini firmò un primo trattato con la Libia, che fu lungamente discusso con Gheddafi. Quel trattato, dissero allora all'Ulivo, si basava sulla constatazione che *"direttamente o indirettamente, Tripoli da tempo non è più coinvolta in atti di terrorismo"*. Tale affermazione, avventata, fece da prologo al viaggio di D'Alema del 1999 e alle numerose telefonate fra Gheddafi e Prodi, salito nel frattempo alla guida della Commissione europea. Come poter dimenticare, o perdonare che semplicemente negli anni ottanta Gheddafi, a fini anti-israeliani e anti-americani, arrivò a sostenere gruppi terroristi quali l'irlandese IRA ed il palestinese Settembre Nero, venendo anche accusato di aver organizzato degli attentati in Sicilia, Scozia e Francia. Ma d'altronde il 15 aprile 1986, quando Gheddafi fu attaccato militarmente per volere del presidente statunitense Ronald Reagan, Bettino Craxi, allora Presidente del Consiglio in Italia avvertì il *"colonnello"* Gheddafi. E' fuor di dubbio che la nostra disponibilità diplomatica verso Tripoli affonda le sue radici nel governo Prodi, ministro degli esteri D'Alema, e prima ancora in Lamberto Dini, che ne gettò le basi alla fine degli anni Novanta. Giuliano Amato era convinto che si dovesse coinvolgere Tripoli nella sicurezza nel Mediterraneo così come era stato fatto con Tirana per l'Adriatico. In realtà Gheddafi serve a preservare gli interessi economici dell'Italia. Eni fa affidamento sui paesi del Nordafrica per il 35% delle sue produzioni petrolifere ma ci sono anche altre grandi aziende e piccoli imprenditori che fanno affari nel Mediterraneo, dalle materie prime al turismo. Lo stesso Prodi che firmò il trattato italo-libico, dichiarò, con faccia politica, in una intervista andata in onda quando Gheddafi e Berlusconi si vedevano, *"Il governo è andato oltre nel rapporto con Gheddafi e alla fine si è fatto spettacolo"*(?). Perché voler negare, contestare come in realtà, quelli stabilitisi tra i nostri governi e Gheddafi sono rapporti cosiddetti bipartisan? Non è forse vero che significativi progressi sulla via dell'appeasement con Gheddafi risalgono a quella che venne definita la stagione dei governi ulivisti, e cioè quando a Palazzo Chigi si insediarono prima Romano Prodi, poi Massimo D'Alema e Giuliano Amato? *"Voglio esprimere la mia gratitudine a mio fratello Romano"*, disse Gheddafi rivolgendosi a Prodi, divenuto nel frattempo presidente della Commissione Ue, il 27 aprile del 2004, nella prima visita del rais in Europa dopo la fine dell'embargo Onu contro la Libia, riabilitata anche grazie agli sforzi compiuti dall'ex premier italiano. *"Oggi è un grande giorno per l'Europa"*, chiosò Prodi. Cronaca di oggi riporta la notizia che la Guardia di Finanza ha sequestrato beni in Italia per un valore di oltre 1,1 miliardi riconducibili all'ex rais libico Muammar Gheddafi. Ma quando Berlusconi e Gheddafi amoreggiavano provocando l'invidia della sinistra ci si era dimenticati della numerose e pesanti partecipazioni azionarie di Gheddafi in Unicredit S.p.a., Eni S.p.a., Finmeccanica S.p.a., FIAT S.p.a., FIAT Industriai S.p.a., Juventus F.C. S.p.a.? Era la primavera del 1975 la Fiat cedette alla banca centrale libica del colonnello Gheddafi il 10% di azioni in cambio di 415 milioni di dollari. Successivamente Gheddafi portò fino al 15 per cento la quota in Fiat. La rivista *"quattroruote"*, a ottobre del 2011 pubblica, di cui si riportano ampi stralci, un interessante articolo a firma Carlo Di Giusto, riguardante la Fiat 500 Capri del raìs, ovvero la one-off elettrica realizzata dalla Carrozzeria Castagna di Milano nel 2009. *"L'auto venne commissionata da Khamis Gheddafi, settimo figlio del Colonnello libico. Quella che sembra una 500 un po' più esotica, in realtà è un costosissimo esemplare unico pagato oltre 100.000 euro e fatto realizzare in fretta e furia, appena un mese, per accontentare i desideri di Gheddafi. La Fiat 500 Capri di Castagna è stata ovviamente realizzata su misura: per poter circolare nelle zone chiuse del blindatissimo complesso di Gheddafi, il motore a scoppio è stato sostituito con un'unità propulsiva elettrica Ansaldo da 34 kW, che consente alla 500 Capri di raggiungere i 160 km/h e di superare pendenze del 30%. L'autonomia, grazie al doppio pacco di batterie agli ioni di litio, è di 260 km. Poiché il peso è di circa 1.600 kg (oltre 500 kg più di una Fiat 500 di serie), è stato necessario modificare le sospensioni, ribassando l'assetto di oltre 50 mm. Ma c'è di più: la minor altezza dal suolo era stata richiesta per migliorare l'accessibilità anche con le tradizionali tuniche arabe. Come molte one off, anche la Capri è eccezionalmente rifinita. Al posto delle porte, una grande apertura con la soglia rifinita di legno massello. I rivestimenti degli interni sono di pelle color avorio, caratterizzata da una conciatura di prima qualità, particolarmente resistente all'infernale sole libico. I cadenini che contornano i sedili e la carrozzeria sono dello stesso colore verde del Green Book, il libro verde di Gheddafi, che riassume la sua ideologia. La capote è di tela color "Sabbia del deserto". Sul musetto, al posto del logo Fiat, c'è lo stemma della Jamahiriya, il nome con il quale Gheddafi aveva ribattezzato la Libia"*. Sembra che la colpa principale di Berlusconi, sia quella di aver siglato delle intese con Gheddafi, e da sinistra non è passata occasione per manifestare l'indignazione verso l'amicizia sconcertante tra Silvio e Muammar, tra il Cavaliere e il beduino. Tutti dimenticano che però, Panorama riportò che il segretario particolare del Colonnello di Tripoli, tale Bashir Saleh Bashir, era il Presidente della Téresys, fondazione di San Marino animata da Prodi e dai suoi amici. Bashir Saleh Bashir, era il Presidente visto che dopo la pubblicazione dell'articolo, dal sito ufficiale di Téresys è sparito lo scomodo nome del funzionario libico, lasciando il posto ad una vaga *"Nomination in progress"*. Questo *"osservatorio internazionale"* condivide, guarda caso, gli uffici con la Pragmata, una società di consulenza legata a Nomisma, creazione prodiana. Ma c'è di più: tra i direttori di Téresys compare Piero Scarpellini, fondatore di Pragmata nonché "consulente *della Presidenza del Consiglio per i Paesi africani*" a partire dal 2006. Chi gli affidò tale incarico? La cosa sconvolgente di tutta questa triste vicenda è che nessuno, e sottolineo nessuno, dei politici italiani sia ricordato chi fosse Gheddafi, e cosa avesse fatto agli italiani. Centro destra, centro sinistra in lotta per stringere la mano ad un terrorista, ad un massacratore di inermi cittadini. Ma i soldi non hanno odore, gli interessi passano sopra a tutto, perfino sull'onore. Era il 1956 quando l'Italia e il Regno Unito di Libia, all'epoca c'era la monarchia dei Sedussi, conclusero un trattato, ratificato con legge n. 843/1957, con il quale l'Italia acconsentiva al passaggio di proprietà di tutte le infrastrutture costruite dagli italiani in Libia e inoltre ripagava alla Libia i danni dell'occupazione, con un limitato indennizzo in sterline. I contributi previdenziali degli italo-libici venivano passati al governo di Tripoli, con l'impegno di onorarli. Il colpo di stato del 1969 che porta al governo Gheddafi conduce anche alla riapertura del contenzioso con l'Italia sul passato coloniale. La nuova giunta militare sfrutta l'Italia come "*nemico esterno*" per cementare il consenso interno, attraverso iniziative propagandistiche quali la confisca dei beni, compresi i contributi previdenziali e l'espulsione degli italo-libici, e l'istituzionalizzazione del "*giorno della vendetta*".

Assistiamo al paradosso dei paradossi. E' opportuno, fondamentale sulla questione puntualizzare alcuni aspetti che purtroppo vengono sempre dimenticati e cioè che l'attuale Libia, mai indipendente prima del 1951, era internazionalmente riconosciuta come parte del territorio italiano, quindi i danni provocati dalle operazioni militari italiane degli anni venti e trenta, nonché della Seconda guerra mondiale sul fronte nordafricano, avrebbero colpito lo stesso territorio italiano e non quello di un altro Stato, tra le altre cose nessuno stato europeo ha mai pagato dei soldi per dei presunti danni derivati dal possesso coloniale di un altro territorio ora indipendente. Un governo forte, e non come quelli italiani sempre filo arabo, avrebbe dovuto chiedere dei danni all'attuale governo libico per i danni derivati dalle numerose rappresaglie dei ribelli libici durante il periodo in cui quella terra, tolta alla Turchia nel 1911 era Italia. Ma l'importanza delle operazioni di estrazione del petrolio che l'ENI avviò in Libia sin dal 1956, ovviamente fecero abbassare come al solito i pantaloni dei nostri politici nei confronti di un assassino e sterminatore di masse. Nel 1970, dopo l'avvento della rivoluzione libica, gli oltre ventimila italiani residenti in Libia vennero espulsi dal Paese e subirono la confisca di tutti i beni in violazione del trattato italo-libico del 1956, stipulato sulla base della Risoluzione Onu del 1950 che condizionava l'indipendenza del Regno Unito di Libia al rispetto dei diritti e degli interessi delle minoranze residenti nel Paese. Il valore dei beni è stato calcolato, al 1970, dal Governo italiano in 200 miliardi di lire per il solo valore immobiliare. Includendo i depositi bancari e le varie attività imprenditoriali ed artigianali con relativo avviamento, questa cifra supera i 400 miliardi di Lire. In tutti questi anni, con tutti i vari governi, non vi è mai stato un provvedimento ad hoc che prevedesse l'adeguato risarcimento per la confisca del 1970. Gli aventi diritto hanno beneficiato solo delle provvidenze previste dalle leggi di indennizzo a favore di tutti i cittadini italiani che hanno perso beni all'estero. Il Governo italiano da parte sua non ha mai preteso dai libici il rispetto del trattato violato ricorrendo alla prevista clausola arbitrale (art. 9) né hai mai posto sul tappeto il valore di quei beni *"restituiti"* al popolo libico. Nell'accordo Dini-Mountasser del luglio 1998, governo di centro sinistra, che doveva chiudere tutto il contenzioso non si fa minimamente cenno al valore dei beni confiscati agli italiani. L'AIRL è l'associazione che rappresenta e difende i diritti di tutti i rimpatriati, e lotta dal 1972 per il completamento dell'indennizzo, fondando la propria battaglia su precisi presupposti giuridici e morali. La drammatica vicenda libica non è altro che la triste esemplificazione della nostra politica estera, del fatto che nei nostri politici scorre petrolio al posto del sangue, e, che non avendo mai voluto intraprendere politiche energetiche alternative al petrolio per soddisfare i petrolieri, hanno da sempre adottato una politica filo araba e contraria ad Israele: una nuova sorta di antisemitismo più o meno mascherato. Berlusconi non è stato altro che il continuatore della politica filo araba perseguita nei tempi dalla politica nostrana, per cui o si decide che tale politica sia aberrante, e allora la si condanna, o se si vuole mantenere questa linea non ci si deve scandalizzare. Ma è possibile e soprattutto è realistico parlare di politica estera? Il significato e il valore è tutto tipicamente italiano e si può tradurre nel termine: opportunismo. La filosofia dell'opportunismo cammina a braccetto con l'ottusità dimostrata dai politici, che più che pensare all'Italia pensavano, pensano e penseranno agli interessi degli industriali, delle banche, della finanza. Il duo industriale – finanza ha da sempre poi determinato anche le scelte delle alleanze, ed ecco perché l'Italia, nonostante il valore dimostrato dei suoi fedeli servitori, per colpa dei nostri politici viene considerata ancora oggi il *"ventre molle"*, come Winston Churchill l'aveva definita. I vari governi italiani si sono sempre lasciati andare, per usare una metafora, puntualmente ai loro *"giri di valzer"*, e ciò non ha fatto altro che alimentare la scarsa considerazione del paese, non come esseri umani, ma dal punto di vista governativo, anche se poi i governi non sono altro che la rappresentazione di un paese, ciò che dovrebbe essere la sommatoria delle caratteristiche di un popolo. Dal suo *"modus operandi"* si evince che i capisaldi della cosiddetta politica estera italiana siano: rimanere saldamente ancorata al cuore dell'Europa, restare fedele alleata degli Stati Uniti, entrare in un amichevole, fiducioso e proficuo dialogo con il mondo arabo. Harold Nicolson, autore del celebre volume sulla diplomazia *"Storia della diplomazia, Corbaccio, 1995"*, così si espresse in merito alle finalità della politica estera italiana *"L'obiettivo della politica estera italiana è di ottenere con il negoziato più importanza di quel che è il peso reale del paese"*. La nostra classe politica riesce con un funambolismo eccezionale, a rimodulare in chiave italiana le varie situazioni, il tutto al fine di soddisfare le ideologie e le esigenze del consenso delle plurime culture politiche esistenti al suo interno. Ecco perché i confini fra politica estera e politica interna sono inesistenti, anzi sono intrecciati, e pertanto convulsivi. Se analizziamo le situazioni dal dopoguerra possiamo chiaramente osservare come allo stesso tempo esistano posizioni unite e contrastanti all'unisono. Ricordiamo come il paese accettò entusiasticamente gli aiuti economici del Piano Marshall, ma come nello stesso tempo l'anticapitalismo di larga parte della società italiana e gli interessi corporativi di ampi settori dell'industria nazionale spinsero affinché gli standard economici, ai quali gli americani legavano la concessione degli aiuti, fossero ridiscussi o interpretati in maniera meno rigida. Ricordiamo come il governo aderì al Patto Atlantico innanzitutto per difendersi dal suo momentaneo nemico interno, cioè il partito comunista , e poi da quello esterno, l'Unione Sovietica. Vi restò perché la Nato garantiva sicurezza e consentiva di destinare risorse risibili alla difesa; ma nel contempo l'adesione morale rimase sempre tiepida, ricca di riserve mentali e con poco ortodosse interpretazioni del vincolo d'alleanza. Rammentiamoci come nell'infuocato dibattito relativo all'adesione italiana alla Nato, il governo centrista avesse ben più di un avversario: la "*quinta colonna*" comunista, i cattolici di sinistra, i socialisti, numerosi esponenti neutralisti. Il nostro paese è sicuramente un esempio vivente e costate di contraddizioni, basta ricordare come in Italia si sia convissuto tra il più potente partito comunista del mondo occidentale e l'influenza della Santa Sede. L'uomo che in negli anni rappresentò al meglio il profilo diplomatico del nostro paese è stato certamente Giulio Andreotti. Nel suo solco, un'assortita galleria di statisti, leader politici ed imprenditori pubblici, dal nazional-pacifista Gronchi, al socialista filo-americano e al tempo stesso filo-palestinese Craxi, dal filo-arabo per finalità petrolifere Mattei al propugnatore del "*ponte culturale*" La Pira, segnarono, con toni e risultati differenti, i diversi gradi di autonomia dal blocco atlantico che l'Italia poté via via permettersi, di riflesso ai mutamenti del tenore dei rapporti bilaterali tra Washington e Mosca, che finivano giocoforza per caratterizzare il sistema internazionale e l'equilibrio regionale in cui si inseriva l'azione italiana. Un esempio di ambiguità nella nostra politica italiana venne proprio raccontato nel 2008 dall'allora ministro degli Esteri libico, Mohammed Abdel-Rahman Shalgam, il quale, durante un convegno alla Farnesina, alla presenza di Andreotti, di Frattini e di tutti i massimi dirigenti delle nostre aziende più legate alla Libia, raccontò come il governo italiano salvò la vita a Gheddafi dal pesantissimo attacco americano. Era, l'Italia del 1986, governata da Bettino Craxi e che vantava Giulio Andreotti al dicastero degli Esteri. Era lecito, in quel tempo, considerare la Libia un interlocutore "*democratico*" o la realpolitik degli stati esula totalmente dall'etica e dalla morale di noi poveri umani? Quando si pensa alla modalità con cui si è condotta la politica filo-araba dei nostri governi, non si può prescindere dalla figura di Craxi e Andreotti. Fu proprio il leader socialista che aveva iniziato un braccio di ferro con gli Usa, quando nel 1985 a Sigonella, vietò ai nostri militari di consegnare in mani americane il dirottatore dell'Achille Lauro, Abu Abbas, che aveva ucciso un cittadino americano, Leon Klinghoffer, ebreo e sulla sedie a rotelle. Vincent Cannistraro, ex uomo Cia a Roma, e allora membro del Consiglio di sicurezza nazionale della Casa Bianca disse di come, in un lungo articolo apparso sul "Corriere della sera", gli americana consideravano Giulio Andreotti "*la vera personalità filo-libica della politica italiana*". A sette mesi da Sigonella, la presidenza Reagan decise che era arrivato il momento di colpire a morte il colonnello Gheddafi, considerato un vero e proprio sponsor del terrorismo. Si trattava di rispondere a un attentato che il Raìs aveva organizzato a Berlino, quando era saltata in aria la discoteca *"La Belle"*, in cui persero la vita alcuni militari americani. Il 15 aprile del 1986 ci fu l' attacco: dalle basi britanniche in Scozia si levarono in volo 45 aerei che in 12 minuti sganciarono 232 bombe e 48 missili. Craxi avvisò Gheddafi. Comunque l'amicizia italo araba ha radici che trovano la loro ragione d'essere intorno agli anni cinquanta. In quel periodo, a livello internazionale, vi era da una parte l'Unione Sovietica intenzionata ad esercitare un suo ruolo egemone sull'area medio orientale e, dall'altra, gli Stati Uniti decisi a contrastarla. Nell'aprile del 1955 il quotidiano Izvestija pubblicò un comunicato del Ministero degli esteri in cui si manifestava l'intenzione dell'Urss di sviluppare rapporti più stretti con i paesi del medio oriente. Alla fine del mese di settembre venne reso pubblico l'accordo tra Egitto ed unione Sovietica per la fornitura di armi. Sull'altro versate Eisenhower scrisse nelle sue memorie, a proposito della risoluzione americana sul Medio oriente: *"Con essa eravamo riusciti ad ottenere il consenso del Congresso la decisione governativa di fermare la marcia dell'Unione Sovietica verso il Mediterraneo, verso il canale di Suez, gli oleodotti e verso i pozzi sotterranei di petrolio che alimentano le case e fabbriche dell'Europa occidentale"*. Per raggiungere il fine di conservare e potenziare lo Stato, viene attribuita a Machiavelli l'errata citazione *"il fine giustifica i mezzi"* e così facendo viene giustificata qualsiasi altra azione del Principe, anche se in contrasto con le leggi della morale. Questa citazione è fondamentalmente errata perché, da un lato non è mai stata né detta, né scritta, dall'altro perché non è stata neanche mai pensata. Ma i nostri politici non lo sapevano allora, non lo sanno ora e non lo sapranno mai, per cui continuano a muoversi pensando che *"il fine giustifica i mezzi"*. Anche in questa situazione, in cui in pratica si doveva decidere da che parte stare, la nostra politica estera trova la sua soluzione con la classica e infinita fantasia. L'Italia si muove per presentarsi al mondo arabo come una terza via di alleanze tra l'occidente e l'oriente. Ma i nostri poliedrici politici si erano forse dimenticanti che esisteva un conto aperto nei confronti degli Americani? E che se erano lì seduti sugli scranni parlamentari era perché gli Alleati alla fine della seconda guerra glielo avevano concesso, pur sapendo che chi tradisce una volta e pronto a farlo un'altra volta? I nostri politici credevano di essere più intelligenti dei loro veri padroni, e credettero di poter fare bellamente quello che gli passava per la testa. Gli Stati Uniti si accorsero ben presto che la disinvolta azione dell'Eni e l'attivismo di Mattei toccava nei loro interessi le società petrolifere statunitensi. Nonostante tutto la politica italiana estera continua ad essere appiattita sulla posizione filo araba, ed addirittura cerca di convincere che esiste un islam moderato, un islam buono, un islam che condanna il terrorismo. Peccato però che il cosiddetto l'islam buono e moderato faccia festa e vada in piazza a ballare ad ogni attentato in Israele. Peccato che questo sconosciuto islam moderato abbia incominciato a condannare il terrorismo nel momento in cui, colpendo l'Europa, ha temuto per il proprio portafoglio e per i propri permessi di soggiorno. Peccato che fino all'attentato di Londra questo introvabile islam moderato non abbia mai detto mezza parola contro il terrorismo, contro i morti americani, israeliani e che in Egitto sia stata fatta una primissima dimostrazione solo dopo i 90 morti di Sharm el Sheickh non per solidarietà con le vittime, ma per fifa blu per la scomparsa del turismo, quindi della pappa quotidiana. Peccato che gli stessi, che hanno dimostrato per il loro portafoglio si fossero messi a ballare di gioia l'11 settembre del 2001 nelle piazze del Cairo, Amman, Gaza, e giù giù, fino in Indonesia, Filippine e ogni paese con una forte comunità islamica. Qualcuno anche in Europa. Purtroppo molti italiani credono alla propaganda filo-araba e filo-islamica. Il lavaggio del cervello è giostrato con tanta maestria che quasi tutti sono disposti a considerare buoni e moderati i terroristi, che ammazzano in Israele.

Poco importa se quelle teste mozzate, gole sgozzate, pezzi di corpi negli autobus, nelle metropolitane, nelle pizzerie e discoteche, che si vedono in televisione appartengono a civili inermi israeliani: tanto i cattivi sono gli ebrei, e nei confronti degli ebrei i nostri politici, tutti i nostri politici, hanno sempre avuti atteggiamenti molto particolari, certamente non fraterni come quelli tenuti nei confronti degli arabi.

****

"Chi abbraccerebbe la virtù per se stessa,
se anch'essa non riservasse dei vantaggi?"

Giovenale

Il Giro d'Italia del 1995 fu vinto dallo svizzero Tony Rominger. Il Campionato di Serie A 1994-95 è il primo torneo della massima categoria in cui vengono assegnati 3 punti in classifica per ogni vittoria e non più due. Anna Valle è eletta miss Italia. Sono 553 i film prodotti nell'anno 1995. In quell'anno sorge un altro centro-sinistra: ne fanno parte i partiti di centro, di sinistra e di centro-sinistra che si riconoscono nel progetto de L'Ulivo. Tale coalizione, guidata da Romano Prodi, vinse le elezioni politiche del 1996. Il governo Prodi cadde nel 1998 a causa dell'uscita dalla maggioranza di governo del Partito della Rifondazione Comunista di Fausto Bertinotti. Grazie all'apporto di alcuni parlamentari provenienti dal centro-destra, allora diviso in Polo delle Libertà e Lega Nord, ovviamente la sinistra all'epoca non gridò allo scandalo come fece poi successivamente; fu trovata una nuova maggioranza che permise al centro-sinistra di continuare a governare l'Italia fino al 2001, con i successivi governi guidati da Massimo D'Alema e Giuliano Amato. Nel 2005, dopo gli anni di opposizione alla maggioranza di centro-destra guidata da Silvio Berlusconi, la coalizione costituì un'alleanza più estesa, denominata L'Unione, aperta anche a Rifondazione Comunista e all'Italia dei Valori di Antonio Di Pietro, con il rinnovato intento di coinvolgere la cosiddetta *"società civile"*. L'Unione debuttò con le elezioni regionali del 2005, nelle quali conquistò 12 regioni su 14, guadagnandone 5 precedentemente governate dalla Casa delle Libertà. Il centro-sinistra venne sconfitto in Lombardia e Veneto. L'Unione vinse poi le elezioni politiche del 2006 con un margine ristrettissimo, inferiore allo 0,1% dei voti espressi. L'unificazione di gran parte del centro-sinistra italiano si concretizzò nel 2007 con la nascita del Partito Democratico. Questo partito si presenta come la naturale prosecuzione dell'esperienza della federazione de L'Ulivo, che nel 2004 aveva unito DS, DL e SDI. Lo SDI, guidato da Enrico Boselli, decise però di seguire una strada diversa. Nel 2005 strinse un accordo con i Radicali Italiani per la formazione di una unica lista chiamata Rosa nel Pugno, con la partecipazione di Emma Bonino e Marco Pannella, i quali, nonostante le aperture nei loro confronti di Silvio Berlusconi, avevano deciso di favorire l'alternanza al governo del Paese. Nel 2007 invece prese corpo il progetto di unire tutte le correnti di stampo socialdemocratico contrarie al PD in un nuovo partito, che si ponesse nella linea della tradizione del vecchio PSI. A tale progetto hanno aderito, oltre allo SDI, una parte del

Nuovo Partito Socialista Italiano, I Socialisti Italiani e una cospicua componente di Sinistra Democratica, partito fondato da coloro che nei DS si opponevano alla nascita dal PD. La nascita del nuovo partito, denominato Partito Socialista, è avvenuta ufficialmente nel luglio 2008.

****

*"Credo che nella vita pratica si possa
ottenere un vero successo,
purché sia senza scrupoli;
l'ambizione è sempre priva di scrupoli"*

Oscar Wilde

Il popolo italico è stato abituato a vedere di tutto. Ma quello che assistette nel 2006 fu veramente squallido. Le elezioni politiche del 2006 per il rinnovo dei due rami del Parlamento della Repubblica Italiana - Camera dei deputati e Senato della Repubblica, si tennero il 9 e il 10 aprile. La vittoria andò alla coalizione di centro-sinistra, che aveva come candidato alla presidenza del consiglio Romano Prodi, con un'esigua maggioranza alla Camera, e una consistente minoranza al Senato, compensata dai 3 seggi conquistati in più nelle sezioni all'estero. L'esito della tornata elettorale fu stato incerto fino alla fine dello scrutinio delle schede, attirando anche l'attenzione della stampa internazionale. Non era mai successo, nella storia parlamentare italiana, che le elezioni politiche si giocassero su un numero di voti così esiguo. Molti parlarono di un quasi pareggio e di un voto che divise l'Italia in due. Il nuovo governo Prodi fu il cinquantanovesimo governo della Repubblica Italiana, e rimase in carica per un totale di 722 giorni, ovvero 1 anno, 11 mesi e 21 giorni, dal 17 maggio 2006 al 7 maggio 2008. Fu il primo governo repubblicano a vedere la partecipazione diretta del Partito della Rifondazione Comunista e del Partito dei Radicali italiani, divenendo così l'unico governo sostenuto dall'intera sinistra parlamentare. I membri del secondo governo Prodi furono portati a 103, contro i 97 membri, del precedente governo Berlusconi. Questa era la fotografia della situazione all'epoca. Ma forse lo spettacolo doveva fornire ancora il meglio della pantomima che era in corso. Il governo Prodi era in partenza debole, e tutto l'operato correva sul fino del numero singolo, forse per la prima volta in tutta la storia parlamentare il singolo voto di un eletto divenne fondamentale per il proseguimento. La fiducia votata la Senato nel 2006 verrà sicuramente ricordata come un capolavoro della sinistra. Il Senato, infatti, approvò la fiducia al nuovo esecutivo con 165 voti favorevoli e 155 contrari. Il quorum era 161. Quello che fece rimanere perplessi, anche molti moderati, fu il fatto che votarono a favore tutti i senatori a vita, compreso Giulio Andreotti che era stato candidato alla presidenza del Senato dal centrodestra. Il voto invece alla camera risultò un po' più "*tranquillo*" perché il centrosinistra poteva contare su un margine di voti più ampio grazie al premio di maggioranza. In merito all'episodio occorso in Senato all'epoca Renato Schifani dichiarò: "*Il voto dei senatori a vita è un diritto costituzionalmente garantito ma ci sono delle perplessità sull'opportunità politica dell'esercizio di questo voto nel momento in cui c'è un'aula divisa in due, così come lo è stato il paese alle elezioni politiche*". Come non poter credere che la figura del senatore a vita, come è stata utilizzata nel corso del governo Prodi, abbia perduto tutto il suo prestigio nel momento in cui è stata utilizzata politicamente? Come dimenticare il premio Nobel Rita Levi Montalcini trascinarsi, gravida di anni, al Senato per sostenere il governo Prodi, il quale senza il voto dei senatori a vita sarebbe caduto? E' innegabile che quanto si assistette fu a dir poco uno spettacolo deprimente. E' utile rammentare che la carica di senatore a vita è, nella Repubblica Italiana, una carica a cui accedono di diritto, salvo rinuncia, gli ex Presidenti della Repubblica definiti senatori di diritto e a vita (art. 59, comma 1 della Costituzione). Inoltre, il Presidente della Repubblica può nominare cinque senatori a vita per aver "*illustrato la Patria per altissimi meriti nel campo sociale, scientifico, artistico e letterario*" (art. 59, comma 2 della Costituzione). Per comprendere meglio il clamore suscitato da quegli avvenimenti si riporta l'articolo apparso a pagina 31 del Corriere della Sera, il 29 maggio del 2006:

"*1) Se tutti i senatori a vita votano per la stessa coalizione c'è un difetto nel sistema della loro scelta. Infatti, non essendo stati eletti dal popolo, e potendo votare come se lo fossero, rischiano di rispecchiare non la volontà popolare, ma il proprio colore politico (se senatori di diritto) o quello del presidente della Repubblica che li ha nominati. A questo punto appaiono scelti non solo "per chiari meriti», ma per affinità politica. 2) Nel caso particolare, tre ex presidenti della Repubblica su tre - Cossiga, Scalfaro e Ciampi - si sono dimostrati di centrosinistra. Di centrosinistra i presidenti della Repubblica, di centrosinistra i quattro senatori da loro nominati, in totale sette voti in Senato che non sono espressione della volontà popolare. È eccessivo. Legale, ma eccessivo. 3) La nomina a senatore a vita è il riconoscimento di speciali meriti. Ma che senso ha attribuire a chi ha speciali meriti in campo chimico, o letterario, o industriale, il diritto di votare in Senato e dunque dirigere il Paese? Il titolo di senatore dovrebbe essere onorifico, senza diritto di voto. Rita Levi Montalcini è Premio Nobel ma in quanto a competenza politica questo Premio gliene attribuisce più o meno quanta ne ha un idraulico. 4) Il fatto che di solito il voto dei senatori a vita non sia determinante perché, di solito, la maggioranza non ha un margine risicato come l' attuale, non è significativo. La condanna a morte di Luigi XVI fu decisa in assemblea con un solo voto di maggioranza. Il che mostra quanto può essere importante un solo votante: nel caso del re di Francia, ognuno di coloro che votarono per quell'esecuzione capitale fu personalmente responsabile del regicidio, perché se avesse* votato diversamente il re sarebbe stato risparmiato. Ma erano almeno eletti dal popolo. Se invece quel voto fosse stato di Rita Levi Montalcini avremmo avuto una biologa incompetente in politica, nominata da un presidente di sinistra, che vota determinando i destini del Paese. 5) Chi non è convinto da queste argomentazioni faccia il ragionamento inverso. Sappiamo che l'Unione ha ottenuto due voti di maggioranza in Senato. Se, nel momento in cui si votava la fiducia, i senatori di diritto e i senatori a vita avessero votato in blocco contro l'Unione, il risultato sarebbe stata la sfiducia per 162 voti negativi contro 158 positivi. Il governo non sarebbe nato e si sarebbe avuta più o meno una crisi istituzionale, magari nuove consultazioni elettorali, ecc. È giusto che simili decisioni siano rimesse a politici che non ne rispondono ai loro elettori o a incompetenti che hanno per giunta una media di età che li escluderebbe dai conclavi, se fossero cardinali? Coloro che difendono il voto dei senatori di diritto lo difenderebbero ancora se i senatori onorari avessero negato la fiducia all'Unione? 6) È lecito, infine , fare l' ipotesi - ma è solo un'ipotesi - che i senatori di diritto e i senatori a vita abbiano votato la fiducia proprio per evitare gli sconquassi di cui al punto precedente. Ad esempio Ciampi, ottimo economista, e Andreotti, uomo prudente e competente, è ben difficile che siano a favore di parecchi di quei programmi deliranti che oggi si leggono sui giornali. È dunque possibile che si siano detti:

"Intanto facciamo nascere il governo. Esso farà la Finanziaria, poi se avrà da cadere cadrà. Noi stessi del resto voteremo contro quei provvedimenti che dovessimo reputare rovinosi per il Paese». Ma non è sempre meglio che queste decisioni siano prese dagli eletti del popolo? Del resto, in questo caso, la fiducia si sarebbe avuta: con quei due voti di maggioranza a cui è appeso l'attuale governo.

giannipardo@libero.it

Caro Pardo, pubblico interamente la sua lunga lettera perché credo che contenga riflessioni molto interessanti. Su due punti, tuttavia, non sono d'accordo con lei. Il neurobiologo come Rita Levi Montalcini, il poeta come Eugenio Montale, l'attore-commediografo come Eduardo, l''ndustriale come Valletta, Agnelli e Pininfarina, o eventualmente l'idraulico sono anche, al tempo stesso, cittadini. Credo che le loro idee e convinzioni valgano quanto quelle di qualsiasi deputato o senatore. Il problema non è la competenza, che non mi sembra giusto contestare, ma la responsabilità. Mentre i deputati e i senatori eletti hanno un mandato e dovranno rendere conto del modo in cui lo hanno esercitato, il senatore a vita dà un voto irresponsabile. Il secondo punto concerne le ragioni che hanno indotto alcuni senatori a votare nel dibattito sulla fiducia. Penso anch' io che queste decisioni debbano essere prese dagli eletti. Ma i senatori a vita, nel sistema attuale, hanno diritto di voto e non potevano essere certi che il governo sarebbe stato approvato anche senza il loro contributo. Se avessero deciso di astenersi o uscire dall'Aula, il loro gesto sarebbe stato interpretato come una implicita manifestazione di ostilità verso il governo Prodi. Ecco perché non posso escludere che alcuni di essi, anche senza condividere certi aspetti del programma di governo, abbiano deciso di evitare che il Paese rimanesse senza esecutivo. Forse il modo migliore per impedire che alcune rispettabili persone siano vittime di questi dilemmi è quello di sopprimere l'istituto del senatore a vita".

****

*"In quest'epoca tanti sono così ansiosi
di educare il prossimo,
che non hanno tempo di educare se stessi"*

Oscar Wilde

Se gli anni settanta videro la fine dei governi di centro-sinistra e la costante avanzata del PCI, guidato da Enrico Berlinguer, che elaborò la strategia detta del compromesso storico, che mirava alla collaborazione di governo tra DC e PCI, gli anni ottanta furono il periodo d'oro del PSI e di Bettino Craxi. Approfittando del fatto che senza i socialisti non era possibile formare un governo, e del fatto che i democristiani erano indisponibili a nuove intese con i comunisti, Craxi tenne per 4 anni la presidenza del consiglio con un pentapartito (DC, PSI, PRI, PLI, PSDI) in un periodo segnato da una forte ripresa economica dovuta alla riduzione dei prezzi del petrolio, alla ristrutturazione tecnologica avvenuta nelle aziende italiane e alla ripresa dei mercati internazionali. Purtroppo, però, contemporaneamente, aumentava in modo mostruoso il deficit del bilancio statale. Dopo le elezioni del 1992 i partiti che avevano formato le precedenti maggioranze avevano in teoria i numeri per formare un nuovo governo, ma PLI, DC, PSI, erano profondamente divisi tra loro e in più avevano perso prestigio nell'opinione pubblica a causa della scoperta di una diffusa corruzione a cui si sottoponevano per avere finanziamenti in cambio di favori. Per formare i governi si affidò il mandato a Giuliano Amato nel 1992 e Carlo Azeglio Ciampi, ex governatore della Banca d'Italia, nel 1993. Il sistema dei partiti che aveva caratterizzato il primo cinquantennio di vita repubblicana, fu poi completamente travolto nei primi anni novanta sia dalle inchieste giudiziarie sia, soprattutto, dalle leggi elettorali di tipo maggioritario varate nel 1993. Attualmente non sopravvive nessuno dei partiti esistenti prima degli anni Novanta: alcuni sono completamente scomparsi dalla scena, altri hanno cambiato nome e sostanza. Nei primi anni novanta il nostro paese scopre, grazie alle inchieste inizialmente condotte da un pool della Procura della Repubblica di Milano, formato dai magistrati Antonio Di Pietro, Piercamillo Davigo, Francesco Greco, Gherardo Colombo, Tiziana Parenti, Ilda Boccassini e guidato dal procuratore capo Francesco Saverio Borrelli e dal suo vice Gerardo D'Ambrosio, che la politica è corrotta, che la finanza è corruttrice. In sostanza si scopre l'acqua calda. Fino a quel momento nessun sospetto, nessuna denuncia, nulla faceva presupporre che la corruzione fosse così forte? Enzo Biagi in *"Era ieri"* scrisse *"Tutto era cominciato un mattino d'inverno, il 17 febbraio 1992, quando, con un mandato d'arresto, una vettura dal lampeggiante azzurro si era fermata al Pio Albergo Trivulzio e prelevava il presidente, l'ingegner Mario Chiesa, esponente del Partito Socialista Italiano con l'ambizione di diventare sindaco di Milano. Lo pescano mentre ha appena intascato una bustarella di sette milioni, la metà del pattuito, dal proprietario di una piccola azienda di pulizie che, come altri fornitori, deve versare il suo obolo, il 10 per cento dell'appalto che in quel caso ammontava a 140 milioni".* Una scoperta grandiosa, una improvvisa svolta. Ma fino all'anno prima in che cosa erano occupati questi valenti tutori della legalità? Come credevano che avvenissero le assegnazioni degli appalti, come ipotizzavano *"vivessero"* i partiti? E un po' come oggi che nel 2012 si *"scoprono"* falsi invalidi che da anni percepiscono pensioni non dovute, persone che non hai mai pagato le tasse, e manigoldi vari, o come vengono definiti *"parassiti della società"* nell'attuale spot del governo. Ma l'evasione fiscale, come pure le tangenti sono stati mali che erano e sono presenti ancora. Perché solo ed esclusivamente in certi momenti storici, politici diventano vere e proprie crociate? Perché chi è tenuto ad osservare e controllare rimane quasi insonne per un lungo periodo e poi, come se fosse risvegliato da un lungo letargo, improvvisamente si mette all'opera e porta a conoscenza eventi che purtroppo i comuni cittadini conoscono molto bene? Questi validi controllori non sono mai andati da un meccanico, da un gommista, da un medico, non hanno mai chiamato un idraulico, un elettricista, o forse non gli è mai capitato di andare da un avvocato? Non tutti gli appartenenti ai mestieri appena annunciati sono evasori fiscali, ma non mi venite a dire che tutti rilasciano regolare documentazione fiscale, se non maggiorata. E allora? E' forse una critica senza base ipotizzare l'uso politico della giustizia? Certo è che per il caso noto come *"mani pulite"* che chi uscì con le ossa rotte furono tutti tranne che l'allora partito comunista. Furono imputati i maggiori esponenti della DC, del PSI, e dei partiti minori PRI, PLI, PSDI, in pratica l'allora pentapartito governativo. Difatti nelle elezioni amministrative del 6 giugno 1993 il pentapartito conobbe un pesante tracollo: la DC perse nuovamente metà dei voti, e il Partito Socialista praticamente sparì. L'opposizione di sinistra si avvicinava alla maggioranza. Giulio Maceratini, esponente di AN, affermò *"che questa miratezza delle indagini non poteva essere una casualità ed è stata consapevolmente voluta per affondare il PSI e la DC e favorire l'elezione del PCI, che fino ad allora non era mai riuscito a governare l'Italia tramite le libere elezioni"*. Di contro il Marco Travaglio fece notare *"che i primi due politici arrestati in Mani Pulite erano dell'ex Pci: Soave e Li Calzi. Il pool di Milano inquisì quasi l'intero vertice del Pci-Pds milanese. E poi le prime elezioni dopo Tangentopoli non le vinsero le sinistre: le vinse Berlusconi"*. Ma se Silvio Berlusconi non fosse sceso in campo, dopo che mani pulite aveva di fatto concorso alla sparizione di Dc, Psi, e di tutti i partiti satelliti della Dc, con una destra ancora tenuta in disparte come se fosse una appestata, cosa sarebbe successo? Il cosiddetto elettorato moderato di centro a chi avrebbe dato il voto? La sinistra stranamente da quella operazione devastante per tutto il mondo politico fino a quel momento conosciuto, ove risultarono sospettati personaggi notissimi, praticamente ne esce intatta, il suo potenziale tattico e bellico è indenne, non colpito da quella bufera, e molto probabilmente sogna di poter vincere facilmente le elezioni. Se la sinistra avesse solamente sospettato che nel 1992 un certo Silvio Berlusconi avesse avuto serie possibilità di candidarsi e di vincere le elezioni, avrebbe messo in moto tutta la sua organizzazione per stroncare ogni possibile intralcio al raggiungimento del tanto agognato obiettivo. Per cui o la sinistra pur intuendo che Berlusconi sarebbe sceso in campo lo ha sottovalutato, oppure stranamente non era a conoscenza della sua reale possibilità di scendere in campo. Tutti gli elettori che fino all'avvento di mani pulite avevano votato non per i comunisti, non si sentirono del tutto orfani, non poterono essere tutti traghettati, come magari speravano, a sinistra, ma poterono ritrovare i propri ideali e pensieri in quello che Silvio Berlusconi stava progettando. Berlusconi in pratica in quel frangente storico fu l'unico reale argine allo strapotere dei comunisti. Mise in campo una forza che poteva non solo frenare l'onda della sinistra ma che era in grado di governare un paese con le proprie forze e pochi alleati, e non con formazioni talmente cosmopolitiche nella quali non si riesce neppure a capirsi visti i numerosi idiomi, le varie esigenze, i molteplici appetiti.

****

"Ciò che rende la vanità
degli altri insopportabile,
è che offende la nostra"

François De La Rochefoucauld

Il centro sinistra ha accusato sempre di tutto Silvio Berlusconi, e di ciò che lo incolpavano nei vari momenti se ne dato sempre ampio e vasto risalto. Sembra quasi che i moralizzatori del centro sinistra abbiano ricevuto una speciale delega per poter sempre annunciare i peccati di Silvio Berlusconi, trasformando in pratica la politica in una sorta di perenne caccia al gossip. I signori del centro sinistra, probabilmente accortisi che non avevano più nulla di originale da contrastare nel campo dell'ideologia, essendo ormai i confini di pensiero tra la destra e la sinistra labili se non addirittura impossibili da distinguere, basta solamente ricordare quando Gianfranco Fini, presidente della camera intervenendo al convegno delle Acli a Perugia giudicò *"una scelta coraggiosa e lungimirante"* quella compiuta da alcuni Paesi europei come la Danimarca, la Svezia, la Finlandia e l'Olanda che hanno esteso *"agli stranieri il diritto di voto in occasione delle elezioni locali e regionali"*. Berlusconi è l'uomo sia per il centro sinistra, sia per il centro e perfino per Fini, da condannare perennemente. Ma è veramente l'unico da meritare questo status? Romano Prodi considerato fondatore e leader de L'Ulivo, fu il paladino scelto per contrastare il cavaliere nero Silvio Berlusconi. Quanti si ricordano che Romano Prodi aveva esortato a candidarsi a primo cittadino della sua città, Bologna Flavio Delbono? Prodi credeva in questo professore. Ma Delbono e Cinzia Cracchi, ex segretaria e soprattutto ex fidanzata non sono finiti sotto inchiesta per peculato, abuso d'ufficio e truffa in relazione ad alcuni viaggi fatti quando era vicepresidente della Regione Emilia Romagna per aver portato con sé l'ex fidanzata, allora sua segretaria? I giudici non chiesero spiegazioni in merito all'intreccio riguardante la sede della Regione Emilia-Romagna e la Bulgaria, in cui Delbono avrebbe affari personali? Prodi, così cattolico non si trovò invischiato in un altro sexigate? Eravamo nel marzo del 2007 quando Romano Prodi dovette affrontare lo scandalo che aveva travolto il suo portavoce Silvio Sircana. Uscirono fotografie in cui si vedeva l'automobile di Sircana mentre si accostava ad un transessuale, nel quartiere romano dove erano soliti lavorare. Perché si è teso a dimenticare o meglio non sono parimenti sottolineate le varie situazioni riguardanti Prodi come invece viene fatto per Silvio Berlusconi? I rapporti tra Romano Prodi e Carlo De Benedetti non rappresentano quasi una complicità? E' ovvio che non è intenzione elencare la lunga lista di situazioni *"anomale"* nelle quali ricorre il nome di Prodi, ma è corretto in questa sede ricordarne qualcuna. Secondo alcuni dati esisterebbero oltre 150 libri perlopiù dispregiativi, sul Cavaliere, mentre la bibliografia su Romano Prodi è magrissima. Esiste un libro scritto da Antonio Selvatici, edizioni *"Il Fenicottero"*, che ha una particolare e interessante storia. Si tratta di *"Prodeide"*, e chi la scritto è divenuto un ex giornalista, perché dopo la biografia non autorizzata di Prodi, gli hanno fatto terra bruciata intorno. E' stato costretto a cambiare lavoro, e nei primi tempi, per sbarcare il lunario con una famiglia sulle spalle, ha lavorato, senza vergognarsene, in cantiere come manovale. Antonio Selvatici si è laureato proprio con Romano Prodi in economia e politica industriale all'Università di Bologna. La sua caduta in disgrazia è coincisa proprio con l'uscita di *"Prodeide"*. Per anni ha combattuto, uscendone vincente, la sua battaglia di verità nelle aule giudiziarie, abbandonato da tutti, schiacciato sotto il peso di troppe denunce. Di Silvio Berlusconi si dice di tutto e di più, arrivando anche ad affermazioni e considerazioni pesanti, colpendo il personale. Ancora oggi a distanza di tanto tempo viene ironizzata la sua *"discesa in campo"*. Era il 26 gennaio 1994, quando attraverso un messaggio televisivo registrato di 9 minuti inviato a tutti i telegiornali, Silvio Berlusconi fa il suo ingresso ufficiale in politica. Alla guida di Forza Italia, Berlusconi vinse, dopo appena due mesi, le elezioni politiche del 27 e 28 marzo 1994. Da quel momento sembra essere divenuto il pericolo numero uno, il criminale più incallito, il malavitoso più omertoso di tutto il territorio nazionale. Ebbene se giustamente si può ironizzare su questo però perché nessuno ironizza ancora oggi sul fatto che in un pomeriggio di metà aprile del 1993, l'uomo qualsiasi Romano Prodi disse al cronista del Corriere della Sera: *"Io Presidente del consiglio? Non penso proprio a queste cose: l'Italia ha bisogno di facce nuove, di giovani"*. Peccato però che tre anni dopo si piazzava lì, a Palazzo Chigi, e che fra i 426 parlamentari della sua coalizione ben 312 erano i volti della politica ben noti e conosciuti, e questo alla faccia del suo pensiero in cui aveva sostenuto che l'Italia aveva bisogno di facce nuove. Tutti sanno, tutti ricordano le implicazioni di Silvio Berlusconi, ma del fatto che la moglie di Prodi, Flavia Franzoni ottenne con la sua Ase srl importanti consulenze pubbliche e private? E non fu il fratello di Prodi, Vittorio a seguirne le orme in politica, divenendo anche presidente della Provincia di Bologna? O forse non fu la nipote, l'ingegnere nucleare Silvia Prodi, a finire nel mirino dei giornali inglesi, Daily Telegraph in testa per avere goduto con la Itlatrend, dove lavorava nel top management, di appalti importanti in Russia da parte della Unione Europea guidata dallo zio Romano? Ovviamente si tratta, essendo Prodi un personaggio autorevole del centro sinistra, solamente di pensieri maliziosi, di chiacchiere da bar di periferia, tendenti a minarne la credibilità. Ma lo sono anche il fatto che Prodi premier e Parisi suo fido sottosegretario, dal primo giugno 1996 al 9 ottobre 1997, misero il loro imprimatur sulla bellezza di 1.936 nomine pubbliche? Non è stata una lottizzazione selvaggia nei ministeri e nelle aziende di Stato quella alla quale assistemmo, con il ritmo invidiabile di una nomina ogni sei ore e 10 minuti, circa 4 nominati al giorno? Non è forse rimasta la più grande occupazione dello Stato che un governo abbia mai fatto nella storia della Prima e della Seconda Repubblica? Ma anche queste osservazioni e constatazioni, questi dati reali, inconfutabili, sono da reputare puerili, visto che il personaggio siede al centro sinistra. Se Berlusconi fa qualcosa è da condannare, se lo fa uno del centro sinistra vi sono mille scuse, mille giustificazioni, sempre che se parli. Una bella competizione, peccato però che i parametri di valutazione non siano uguali e che e i giudici di gara siano un pochino faziosi. Le immagini fecero il giro del mondo. Napoli e la Campania sotterrata da una valanga di rifiuti. Eravamo nel 2007: chi era al Governo? Chi era sindaco di Napoli? Chi era il governatore della Regione Campania? Prodi, Rosa Russo Iervolino, Bassolino. Ma la colpa non era di Berlusconi? Il primo angosciante esordio pubblico di Prodi fu nel 1978, nel corso del rapimento Moro, quando, dopo aver partecipato ad una seduta spiritica, raccontò che bisognava indagare su Gradoli, pensando che fosse un paesino vicino al lago di Bolsena. Indicò anche due numeri, di cui uno si accertò poi corrispondere al civico della strada dove si trovava il covo in cui fu detenuto Aldo Moro. Romano Prodi trentottenne era ancora un semplice professore, ma evidentemente ben legato ai centri di potere, considerato che un bel giorno si permise di andare a Roma e bussare alla porta di un suo referente, il segretario della Dc, Benigno Zaccagnini. Prodi pronunciò il nome Gradoli e diede due numeri, 9 e 6. A Gradoli, un piccolo paesino nel Viterbese, le forze dell'ordine cercarono invano Moro. Più tardi, fuori tempo massimo, si scoprì che in via Gradoli 96, a Roma, abitavano e transitavano ogni giorno i capi delle Br, Moretti e la Balzarani, che avevano rapito il presidente della Dc. Chi sussurrò a Romano Prodi il nome Gradoli? E dal 1978 che dobbiamo accollarci una inverosimile ricostruzione, e cioè che durante una sorta di seduta spiritica cui partecipò Prodi, le anime di La Pira e don Sturzo indirizzano il piattino verso le lettere che compongono la parola Gradoli. Era una domenica pomeriggio del 2 aprile 1978 a Zappolino, sulle colline bolognesi, nell'abitazione di Alberto Clò, altro professore collega poi diventato ministro con Prodi, si ritrovarono 17 persone, fra le quali il padrone di casa e il fratello Carlo, Romano Prodi, Mario Baldassarri, Fabio Gobbo, in futuro a capo dell'Antitrust, e altri esponenti vip dell'Emilia bene, con signore e figli al seguito. Possiamo quasi con l'immaginazione ricostruire l'ambiente, nel quale l'allegra e istruita compagnia si raduna attorno a un tavolo, mentre fuori piove, e dispone in cerchio alcuni fogliettini con le lettere dell'alfabeto e poi comincia a domandare a La Pira e don Sturzo: "dov'è Moro?". Come la scena di un film horror il piattino all'inizio vaga sul tavolino, poi per 22 volte punta deciso sulle sette lettere che compongono, in ordine, la parola Gradoli. Sulla questione il 5 ottobre del 1999 Ugo Intini scriverà: *"le possibili soluzioni sono tre. **Primo**: il fatto che Prodi abbia fornito il nome di Gradoli e che Moro fosse tenuto dalle Br in via Gradoli costituisce semplicemente un caso fortuito e bizzarro. Secondo il calcolo delle probabilità è più facile vincere il primo premio della lotteria di Capodanno. **Secondo**: gli spiriti dei defunti possono essere richiamati sulla terra. Anche questo non può essere escluso. La prova dell'esistenza dell'aldilà, fornita da Prodi, costituirebbe la più grande notizia del millennio. **Terzo**: Prodi ha mentito, ha saputo dove Moro era tenuto prigioniero attraverso fonti e modalità che ha voluto nascondere. Anche questa ipotesi non può essere esclusa; ma è di tale gravità da mettere in crisi, con la delegittimazione del suo presidente, lo stesso governo dell'Europa. Quartum non datur: con tutta la fantasia e la generosità, non si riesce a immaginare una quarta ipotesi"*. Per la cronaca, Francesco Cossiga, nel 1978 ministro degli Interni, ricevette dalla segreteria di Zaccagnini la segnalazione di Prodi e a sua volta la girò alla polizia. *"Se fossi l'avvocato di Prodi gli consiglierei di continuare a mentire sulla vicenda Moro".* Questo quanto venne sostenuto da Francesco Cossiga in un'intervista a *"nessuno Tv"* raccolta da Mario Adinolfi sulla vicenda del covo Br di via Gradoli a Roma. Su chi possa aver suggerito l'indirizzo, l'ex capo dello Stato disse: *"Non lo so. Di certo qualcuno appartenente all'area dell'eversione tra Autonomia Operaia e Potere Operaio. Dicono fosse un professore universitario. Beniamino Andreatta non partecipò propriamente alla cosiddetta seduta spiritica, ma era presente, seduto su una poltrona di fianco al tavolo dove girò il piattino. Un brigatista rosso, che chiameremo "la fonte", indicò all'informatore la parola Gradoli o via Gradoli. L'informatore ne parlò ad Andreatta e probabilmente a Prodi. Tutti insieme decisero di trovare un modo di far uscire questa informazione senza trovarsi a dover indicare i nomi di fonte o informatore. E allora misero in scena la seduta spiritica. La seduta si tenne il 2 aprile 1978 a casa di Alberto Clò. Ma molti di coloro che vi partecipavano sapevano che era una messa in scena. Di certo lo sapeva il professor Prodi. Fece questa "messa in scena" perché doveva guardarsi il culo e non gli dò torto. Non aveva il coraggio di Guido Rossa, comunista, di Walter Tobagi, socialista, di Carlo Casalegno, liberal repubblicano. Diciamo che quella prodiana non è proprio la scuola migliore per il coraggio. E allora Prodi si inventò l'onesta baggianata della seduta spiritica.*

Capimmo subito che stavano mentendo. Ma non potetti intervenire perché non era nei miei poteri. Non era compito del ministro dell'Interno fare indagini. In un altro Paese avrebbero chiuso Prodi in una stanza sigillata fino a quando non sputava il nome dell'informatore. L'uccisione di Moro è stata decisa dalle Brigate Rosse italiane, che non erano eterodirette. Gli americani non è che non si fidassero di Moro. Non si fidavano dell'Italia. E che Gladio l'ho costituita io? Io ho le mani sporche di Gladio, ma l'hanno costituita gli americani con l'aiuto di Taviani e di Moro. E anche il Partito comunista aveva i suoi rapporti con la Cia. Nel mio viaggio del 1980 da presidente del Consiglio negli Stati Uniti, nel mio aereo c'era una delegazione riservata del Pci che si incontrò con una delegazione costituita da agenti della Cia a New York, nel bel ristorante di un mio amico italoamericano".
Secondo il settimanale di sinistra *"Avvenimenti"*, l'informativa ai Prodi boys arrivò addirittura dal KGB, anche perché l'appartamento di via Gradoli era stato affittato ai brigatisti rossi da un'amica della figlia di Giorgio Conforto, agente dei servizi segreti sovietici. Enzo Fragalà di An, capofirmatario dell'esposto contro Prodi, fu molto chiaro:*"I giudici devono verificare se il comportamento di Prodi non abbia agevolato il gravissimo atto terroristico delle Br ai danni di Moro, impedendo la sua liberazione e l'arresto dei responsabili. Ho il sospetto che con il paravento della seduta spiritica, il Professore*

abbia coperto una fonte dal nome impronunciabile. Comportamento che avrebbe portato all'arresto di qualsiasi cittadino, ma non di Prodi. Perché lui l'ha fatta franca?". Nel novembre del 1978, Prodi fu nominato ministro dell'Industria del governo Andreotti, al posto del dimissionario Carlo Donat Cattin. Ci fu una polemica, violentissima. In un intervista alla Stampa, Donat Cattin sentenziò: *"Prodi ha dimostrato in più occasioni di non essere all'altezza degli incarichi ricoperti. I nomi da me proposti non hanno nulla da invidiare a Prodi, salvo l'apprezzamento dei comunisti. Lo ha messo lì la Fiat"*. Il professor Romano Prodi e stato ministro di provata fede democristiana, uomo di potere durante quindici governi della Prima repubblica, nel pentapartito, nell'era Craxi e nei governi tecnici di Amato e Ciampi, fino al 1995 quando fondò l'Ulivo, diventando il leader, pro-tempore, del centro-sinistra italiano. In seguito alla sua prima elezione alla presidenza IRI nel 1982, a Prodi venne contestato di non aver abbandonato il ruolo di dirigente in Nomisma, configurando un potenziale conflitto di interessi. Negli anni successivi l'IRI stipulò alcuni contratti di consulenza con la società, che portarono a dubitare sulla trasparenza dell'operazione: in un primo processo, concluso nel 1988, Romano Prodi venne assolto con formula piena in quanto alla luce delle indagini non si configurava reato nel suo comportamento. Il giudice Francesco Paolo Casavola che lo assolse dichiarò: *"L'idea che le commesse siano state affidate perché a richiederle erano il presidente dell'Iri e il suo assistente alle società collegate è verosimile, ma non assume gli estremi di reato"*. Una seconda questione venne sollevata riguardo ad alcune consulenze nel settore Alta Velocità svolte da Nomisma tra il 1992 e il 1993. Prodi era stato scelto a partire dal 16 gennaio 1992 come *"Garante del Sistema Alta Velocità"* dai vertici delle Ferrovie dello Stato, con il compito di effettuare le valutazioni di impatto economico e ambientale legate alla costruzione della nuova rete TAV italiana. Una seconda commissione composta dal professor Carlo Maria Guerci, da Giuseppe De Rita e dall'architetto Renzo Piano e presieduta da Susanna Agnelli, venne incaricata di elaborare un piano di riqualificazione delle strutture e dei servizi delle Ferrovie. Prodi lasciò l'incarico di Garante il 20 maggio 1993 per tornare alla presidenza dell'IRI su richiesta dell'allora Presidente del Consiglio Carlo Azeglio Ciampi. Nel 1996 un'inchiesta sulla questione portò a una serie di 40 perquisizioni della Guardia di Finanza e al sequestro di numerosi documenti riguardanti la TAV, operazione disposta dal PM di Roma Giuseppa Geremia, e ad un'imputazione per concorso in abuso d'ufficio verso Ercole Incalza, ex amministratore della TAV ed Emilio Maraini ex-dirigente Italfer. Prodi bazzica la politica dal 1964, eppure si conosce poco o nulla. La figura di Silvio Berlusconi, è stata girata e rigirata come un calzino. Su Prodi regna, da sempre, una ovattata discrezione. Prodi convola a nozze a 30 anni con Flavia, una sua allieva. Celebra il matrimonio Camillo Ruini, che poi prenderà le distanze da Prodi; testimone di nozze è Beniamino Andreatta, maestro di Prodi, che ha continuato a dare sempre del Lei al suo assistente, anche quando Romano lo ha sorpassato diventando presidente del Consiglio e, a sua volta, nominandolo ministro. Prodi diventa economista con una tesi sulle piastrelle di Sassuolo. Ben presto diviene il manager pubblico più pagato d'Italia, con 201 milioni di lire d'imponibile nel 1984. E quando nel 1998 possedeva un portafogli azionario di un miliardo e 219 milioni che col boom dell'epoca di piazza Affari si rivalutò in quasi 3 miliardi. Anche con l'Unione Europea non andò proprio male visto che incassò più di 12mila euro al mese fino al 2007. In giro per il mondo gli hanno consegnato 16 lauree ad honorem: tre in Italia, dieci in Europa, tre in America, due in Asia e una in Africa; ha pubblicato 20 libri accademici e 5 politici; ha scritto migliaia di articoli per quotidiani e settimanali. Nel 1978 fu per la prima volta ministro; dal 1982 al 1988 e dal 1993 al 1994 ha presieduto l'Istituto per la Ricostruzione Industriale; nel 1981ha fondato Nomisma, società di studi economici e consulenze. Ha guidato da presidente anche la gloriosa Maserati; con la moglie ha costruito una società, l'Ase, analisi e studi economici, una società senza dipendenti che faceva varie consulenze: nata nel 1990 e messa in liquidazione nel 1997 con un giro d'affari di 6 miliardi di lire; avrebbero voluto farlo sindaco di Bologna, nominarlo presidente della Cassa di Risparmio di Bologna, presidente della Regione Emilia Romagna. E' stato advisor della Goldman Sachs, persino presentatore tivù e radiofonico, consigliere comunale, presidente del Consiglio e presidente Ue. A Silvio Berlusconi gli si imputa di essere un colosso dell'informazione, però poi pochi rammentano che Prodi ha tanti amici giornalisti. Eppure basterebbe togliere solamente un po' di polvere dagli archivi degli anni Ottanta, per scoprire degli ossequiosissimi Arrigo Levi, Lietta Tornabuoni, Giuseppe Turani, Luca Giurato; tutti pronti a tratteggiare con enfasi le qualità del Professore. Per non parlare di Enzo Biagi, solidale al punto di firmare una lettera di totale appoggio alla candidatura a premier per il 2006. Nello staff di Prodi, sono passati Rodolfo Brancoli, Albino Longhi, e Gad Lerner, cioè tre direttori del Tg1. Anche Nuccio Fava, Demetrio Volcic, altri ex direttori, hanno sempre fatto l'occhiolino a Prodi. Un altro fedelissimo fu Piero Badaloni, come Andrea Bonanni fu il megafono europeo del prodismo. Prodi è stato anche conduttore tv, su Rai Uno negli anni Ottanta, l'opinionista di Tg1 e Tg3, conduttore radiofonico. Una volta Enzo Biagi disse a proposito di Berlusconi: "*Se avesse le tette farebbe anche la presentatrice*". Prodi ci è riuscito pure senza le tette. Nei primi sessanta giorni del 2006, sulla prima pagina di "*la Repubblica*", "*Il Mattino*", "*Il Sole 24 Ore*", "*La Stampa*" e "*il Corriere della Sera*" sono usciti copiosi monologhi firmati Prodi. Fra il 2003 e 2004, scrisse 11 editoriali in neanche 5 mesi. Tuttavia poiché proprio il giornale della sua città d'adozione Bologna, lui è nato a Scandiano provincia di Reggio Emilia, cioè il Carlino avendo "*osato*" non sponsorizzarlo nella corsa a palazzo Chigi del 1996, nel libro scritto con la moglie ha omesso di ricordare la lunga e fruttuosa collaborazione con quel giornale. E cosa importa ricordare che sul rustico castello di famiglia a Bebbio, nel Reggiano, nel 1993 montarono un ripetitore per far funzionare i telefoni cellulari, muti in tutta la zona. La notizia che apparve sul "*Il Resto del Carlino*" il 30 luglio del 1995 non è venne ripresa da nessun altro giornale. Ma non che questo episodio passò sotto silenzio perché allora Prodi era presidente dell'Iri e controllava la Sip? Però a quanto pensare è reputato sbagliato pensare a una cosa del genere, essendo lui Prodi e non Berlusconi. Basti pensare al caso Cirio. Nel maggio 1999, Romano Prodi venne nominato Presidente della Commissione europea. Le solite malelingue ipotizzarono che questa nomina sembrava tanto una specie di risarcimento nei confronti di Prodi, il quale nell'ottobre 1998 era stato sfiduciato dalla sua maggioranza, e il suo posto di Presidente del Consiglio era stato preso da Massimo D'Alema. Quindi nel 1999 Prodi sostituì, con qualche mese di anticipo, il Presidente in carica della Commissione. Il suo predecessore, il lussemburghese

Jacques Santer, fu costretto a dimettersi prima della scadenza naturale del suo mandato perché era stato sfiduciato dal Parlamento europeo, dopo essersi reso protagonista di uno scandalo istituzionale. Infatti, né gli europarlamentari né i mass media gli avevano perdonato che una componente della sua Commissione, Edith Cresson, Commissario all'Educazione e alla Ricerca, fosse finita sotto inchiesta per aver elargito, a spese dell'Unione, un contratto di lavoro al suo ex dentista. Romano Prodi si prodigò in una requisitoria moralistica proclamando di adottare, come cardini del suo mandato, la tolleranza zero sulle frodi e la trasparenza. In quello stesso discorso sostenne che in caso di ulteriori irregolarità ed illeciti, la Commissione tutta e i singoli Commissari avrebbero dovuto assumersi fino in fondo la responsabilità politica delle loro azioni e lasciare l'incarico, proprio per garantire il massimo del rigore rispetto ai cittadini. *"Ho chiesto a tutti i Commissari di darmi, sulla loro parola d'onore, le dimissioni in mano qualsiasi evento nuovo capiti, qualsiasi fatto non conosciuto"*, annunciò Prodi. Qualche mese più tardi, si cominciò a vociferare di dubbie consulenze che riguardavano l'Eurostat, l'istituto europeo di statistiche. Dopo le prime generiche indiscrezioni, iniziarono ad emergere dettagli preoccupanti. Si parlò chiaramente di *"consulenze d'oro"* e della creazione di *"fondi neri"*. Emerse persino una ricerca pagata 570mila euro, lunga appena una pagina e mezzo. Per non parlare poi dei funzionari della Commissione sospettati di essere anche proprietari di alcuni studi di consulenza che lavoravano con l'Eurostat. A questo punto scoppiò lo scandalo, tanto più grave perché a finire sotto inchiesta fu proprio l'Istituto europeo di statistica. L'Eurostat è un istituto che, per il suo lavoro di rilevazione statistica, è di fatto il garante del Patto di Stabilità: verifica l'applicazione dei parametri di Maastricht e quindi concorre a determinare le politiche economiche e finanziarie degli Stati membri, vincolando gli Stati a politiche di rigore, che spesso si traducono in tagli ai bilanci o al welfare. Proprio perché ha un ruolo di vigilanza sui conti pubblici degli Stati europei, l'Eurostat non può essere nemmeno lontanamente sfiorato da dubbi o sospetti sulla trasparenza e sulla correttezza dei suoi atti. Lo scandalo Eurostat fu, quindi, assai più grave di quello che aveva travolto la Commissione Santer, perché questa volta non si trattò solamente di nepotismo o di episodi di corruzione, ma di un'azione sistematica finalizzata alla creazione di fondi neri. Tra il 2002 e il 2003 il caso Eurostat diventò di dominio pubblico. L'inchiesta penale della Magistratura francese sull'Eurostat, scaturita dai rilievi della struttura europea antifrode, trovò le prove di un'ampia organizzazione di truffe ai danni dell'Unione. Due importanti dirigenti dell'Eurostat finirono nell'indagine, sospettati di aver organizzato un sistema che sottraeva denaro pubblico e lo convogliava in un conto bancario segreto in Lussemburgo. Inevitabilmente si innescò una polemica furiosa anche contro la Commissione. Tutti cominciarono a reclamare una risposta chiara. Prodi si affrettò a negare tutto, dichiarando di non saperne nulla. Ma la stampa internazionale sostenne subito il contrario. In particolare, il Financial Times accusò Prodi di aver appreso molte informazioni sullo scandalo e di non esserne perciò affatto all'oscuro. Subito il portavoce della Commissione europea liquidò l'articolo del giornale londinese definendolo "*pura spazzatura*". Alcuni deputati parlamentari, che sin dall'inizio si erano occupati del caso, dimostrarono che Prodi non poteva non sapere, esibendo tutta una serie di documentazioni, tra cui più di cento interrogazioni, che chiedevano, a partire dal 1999, spiegazioni su presunte irregolarità che riguardavano l'Eurostat. Il tutto si concluse con una mozione di censura contro la Commissione Prodi, discussa in Parlamento nell'aprile 2004. Alla fine l'esecutivo di Bruxelles confessò che effettivamente c'erano state frodi per più di cinque milioni di euro, liquidando, però, il fatto come "*un'eccezione deplorevole*". In quella giornata infuocata il Presidente Prodi si fece notare esclusivamente per la sua assenza. A parlare a nome della Commissione c'era il Commissario Viviane Reding, l'unica che comunque trovò il coraggio di affrontare l'Aula parlamentare. Insomma, la Commissione fuggì da qualsiasi responsabilità politica e morale, a dispetto delle roboanti dichiarazioni del Prodi annunciate all'inizio del suo mandato. Ciascuno dei

Commissari coinvolti, Prodi in primis, prese le distanze dallo scandalo con ridicole frasi di circostanza: *"non ho letto la revisione contabile"*, *"non sono stato informato"*, *"gli uffici non mi hanno messo al corrente"*, *"non ho letto i giornali"*. Lapidario, nel trarre le conclusioni, fu un deputato danese: *"L'unica cosa che viene spontaneo chiedersi è come sia possibile che persone con una capacità così limitata di cogliere quello che stava accadendo intorno a loro siano riuscite ad arrivare così in alto"*. Ma qualcuno alla fine doveva pur pagare. E infatti, qualcuno pagò. Ma il bilancio fu ben deludente. Qualche trasferimento d'ufficio e due dirigenti indagati dalla giustizia francese. Paradossalmente il prezzo più caro lo pagò un imprevedibile capro espiatorio: fu il giornalista autore di un'inchiesta su Eurostat, apparsa sul settimanale tedesco *"Stern"*, l'unico ad essere arrestato, con tanto di perquisizione in redazione ed a casa e congelamento dei conti bancari. L'eurodeputato inglese Gerald Batten sostenne di aver avuto una informativa dalla spia russa Alexander Litvinenko, morto il 23 novembre 2006 per avvelenamento, e il 3 aprile 2006 davanti al Parlamento Europeo a Strasburgo dichiarò: *"Uno dei miei componenti, Alexander Litvinienko è stato tenente colonnello in Russia della FSB, ex KGB. L'esposizione di Litvinienko sulle attività illegali della FSB, lo costrinse a cercare asilo politico all'estero. Prima di decidere un posto per rifugiarsi, consultò il suo amico Generale Anatoly*

Trofimov, un capo deputato della FSB. Il Generale Anatoly Trofimov, disse a Litvinienko: Non andare in Italia ci sono molti agenti del KGB. Romano Prodi è il nostro uomo là". (Trascrizione delle dichiarazioni di Gerald Batten a Strasburgo il 3 aprile 2006). E' strabiliante però notare che quando si tratta di vicende che riguardavano Prodi si sostiene che molte delle accuse mosse siano basate su teoremi che non sono allo stato dei fatti supportati da prove reali, e perciò si sostiene che in realtà ci sia stata, da parte dei suoi nemici politici, una precisa volontà di colpire Prodi. Ebbene se ciò verte Prodi allora si parla di "character assassination", cioè causare danni alla credibilità di una persona attraverso la distruzione della sua reputazione, invece se si tratta di Berlusconi...

****

*"Affinché la nostra santificazione
sia perfetta studiamoci
d'avere non soltanto l'umiltà di cuore,
ma anche la mansuetudine e affabilità"*

San Bernardo

L'IRI è l'acronimo di Istituto per la Ricostruzione Industriale, istituito nato nel 1933 per iniziativa dell'allora capo del Governo Benito Mussolini, altra figura demonizzata però stranamente non alla stregua di Idi Amin Dada, Pol Pot, Stalin, Mao, Tito, Pinochet, Marcos, Enver Hoxha, Ceausescu, Duvalier, Mengistu, alcuni dei nomi che vengono in mente in una prima disamina pensando a regimi di terrore, a sistemi politici nei quali le più elementari formi di democrazia sono state calpestate. Sotto queste persone, per lo più celebrate quali padri della patria, liberatori, sono morte milioni di persone, sono state torturate milioni di persone. Eppure il nostro regime democratico, stende un velo pietoso sui crimini barbaramente perpetrati da questi *"eroi"*. Ma di questo me ne occuperò, se sarà possibile pensando a questo, in un altro libro. Nel luglio 1982 Prodi viene nominato presidente dell'IRI, il più grande ente economico dello

Stato. Se è facile, e si ottengono tutte le coperture possibili, scrivere dei fatti di Berlusconi, si rischia molto invece mettere in discussione il binomio Prodi e Carlo De Benedetti. Anche questo rimane un mistero. Se si ruba una mela si reputa che il giudice in questione non guardi se sia stato uno alto o uno basso, uno magro o uno grasso, ma giudichi il fatto in se. Ebbene questa semplice situazione sembrerebbe non applicata sempre. Se si ipotizzasse che l'attività di Prodi dal 1982 al 2007 sia stata concentrata principalmente con il solo unico compito di svendere o regalare tutti gli enti pubblici dello Stato al suo alleato Carlo De Benedetti a un prezzo irrisorio con bandi truccati, reputate di essere giudicati nella stessa maniera se formulando tale ipotesi metteste il nome Silvio Berlusconi al posto di Romano Prodi? O forse asserendo che Carlo De Benedetti si sia poi puntualmente affrettato a rivendere immediatamente tali società al loro reale valore di mercato, di solito 20 volte il loro prezzo d'acquisto, a gruppi stranieri, o addirittura allo Stato stesso, che li ricomprava a prezzi folli, realizzando guadagni incalcolabili a danno degli italiani, andrebbe tutto liscio? Come reputate che andrebbe a finire se qualcuno dicesse che al termine dei sette anni in cui Prodi diresse l'IRI il patrimonio dell'IRI risultò dimezzato per la cessione di importanti gruppi quali Alfa Romeo e FIAT, passando da 3.959 a 2.102 miliardi? E se si provasse a ricordare che la Ford aveva offerto 2.000 miliardi in contanti per l'Alfa Romeo, ma Prodi la regalò alla FIAT per soli 1000 miliardi a rate, non sarebbe considerata esclusivamente una favola, una leggenda metropolitana? Certo è proprio vero che le cose assumono forme, colori, sostanza diverse a secondo dell'impostazione con cui si osservano. Romano Prodi vantò utili nel suo mandato all'IRI:12 miliardi e 400 milioni nel 1985. La Corte dei Conti, la magistratura di sorveglianza, asserì invece che: "*Il complessivo risultato di gestione dell'Istituto IRI per il 1985, cui concorrono... sia il saldo del conto profitti e perdite sia gli utili e le perdite di natura patrimoniale, corrisponde a una perdita di 980,2 miliardi, che si raffronta a quella di 2.737 miliardi consuntivata nel 1984*". La Corte, inoltre, segnalava che le perdite nette nel 1985 erano assommate a 1.203 miliardi contro i 2.347 miliardi del 1984. Prodi uscì indenne dai processi perché le aziende erano S.P.A. di diritto privato e quindi i dirigenti non erano qualificati come pubblici ufficiali. Mani Pulite cambierà anche questo, per cui le società controllate da enti pubblici sarebbero state considerate tutte operanti nell'interesse pubblico, con le relative conseguenze per gli amministratori. La conferma di tutto questo si trova nell'indebitamento dell'Istituto, salito dal 1982 al 1989 da 7.349 a 20.873 miliardi (+184 per cento), e quello del gruppo IRI da 34.948 a 45.672 (+30 per cento). Eppure D'Alema, intervistato da Biagi in televisione, affermò che Romano Prodi, da lui scelto per guidare la coalizione contro Berlusconi, era un "*uomo competente*" perché quando lasciò l'IRI nel 1989 il bilancio dava un "*più 981 miliardi*". Peccato che l'intervistatore, certamente non di parte, non sottolineò e neppure ricordò che la cifra reale, tenendo contro delle perdite siderurgiche transitate soltanto nel conto patrimoniale, era di "*meno*" 2.416 miliardi. Si precisa che il buco reale non fu mai contestato dai diretti interessati. Paolo Cirino Pomicino in un articolo ricordò come dei 28.500 miliardi erogati dallo Stato a titolo di fondo di dotazione dalla data di nascita dell'IRI, Romano Prodi ne ottenne ben 17.500, nel 1986. Reputate che vi farebbero ricordare serenamente che Romano Prodi, con un contrattino di appena 4 pagine vendette a trattativa privata, il più grande gruppo alimentare dello Stato, la SME, alla Buitoni del suo amico Carlo De Benedetti per soli 393 miliardi? A Prodi e De Benedetti fu dato torto in primo grado, in Corte d'appello e in Cassazione da ben 15 magistrati, all'unanimità. Il magistrato Saverio Borrelli del pool Mani Pulite di Milano, 6 anni dopo, incriminerà invece penalmente Silvio Berlusconi, per aver impedito, insieme a Ferrero e Barilla con una pubblica offerta d'acquisto enormemente superiore rispetto a quella di De Benedetti, la svendita della SME e ciò nonostante che sia a Prodi che a De Benedetti fosse stato dato torto in tutti e 3 i gradi di giudizio dal Tribunale di Roma e dal TAR. Sicuramente si avrebbero grossi problemi nel rammentare che Prodi come presidente dell'IRI, svendette anche la

Italgel alla Unilever, essendo contemporaneamente consulente di quest'ultima, anche perché l'essere contemporaneamente consulente della ditta a cui si è venduto essendo di sinistra non è un palese conflitto di interessi. Eppure si sostiene che mettendo uno sopra l'altro tutti i faldoni dei procedimenti giudiziari penali a suo carico Silvio Berlusconi potrebbe costruirsi una nuova villa. Forse l'apice dell'anti berlusconismo si tocca il 21 novembre del 1994, quando Berlusconi viene raggiunto dall'avviso di garanzia a Napoli, mentre in qualità di presidente del Consiglio sta presiedendolo il vertice internazionale del G7 sulla criminalità organizzata. Per rammentare una platealità analoga bisogna risalire agli 80, quando in occasione del primo scandalo sul calcio scommesse vedemmo in diretta, nel corso della trasmissione sportiva 90° minuto, le immagini degli arresti e delle camionette di Polizia e Guardia di Finanza presenti negli stadi. Ma si può ricordare che Prodi durante il suo governo del 1996 regalò 5.000 miliardi alla Fiat per fare una rottamazione, e che durante i fallimenti Parmalat e Cirio, Prodi difese i banchieri che truffarono i risparmiatori? Si può accennare all'affare Infostrada? Quanto si rischia se si accennasse che nel 1997, il Governo Prodi vende Infostrada, dello Stato a De Benedetti per 700 miliardi di lire, da pagarsi a rate in 14 anni. De Benedetti la rivende immediatamente, dopo aver pagato solo la prima rata, alla tedesca Mannesman a 14.000 miliardi? E se si sottolineasse il fatto che lo Stato italiano nel 2001, quando ancora c'era il governo di centrosinistra, riacquistò Infostrada dalla tedesca Mannesman a 21.300 miliardi di lire? Il manager di Infostrada, Lorenzo Necci, provò ad opporsi a questo, ma fu subito incriminato, incarcerato, sputtanato dai giornali della Sinistra e poi, assolto. E' opportuno avventurarsi nell'affare Telecom? Ma forse si potrebbe ipotizzare che si è solamente sognato nel ripensare che nel 1997, con Prodi, al governo, si vendono le azioni Telecom Italia al solito prezzo irrisorio, tanto che subito dopo il loro valore di mercato aumenta di 6 volte, e si incassarono 22.800 miliardi di lire. Con questo stesso denaro, poi, il governo di centro-sinistra riacquisterà Infostrada con la scusa che le infrastrutture delle telecomunicazioni devono appartenere allo Stato. Il presidente di Telecom era Guido Rossi, l'avvocato di De Benedetti. Nel frattempo nel 1999 al governo arriva D'Alema, e Roberto Colaninno, attraverso l'Olivetti di De Benedetti, dà la scalata a Telecom. La Consob, l'autorità che deve sorvegliare questi reati, era presieduta da Spaventa, amico di De Benedetti. Colaninno, tramite una serie di società fantasma con sede alle isole Cayman arriva a controllare Telecom con appena lo 0,3% delle azioni. Il Financial Times definì la scalata *"una rapina in pieno giorno"*. Dalla Telecom fu svenduta la Seat-Pagine Gialle, che ne faceva parte a una società chiamata *"Otto"*, del figlio di Armando Cossutta, quello dei Comunisti Italiani, per 1955 miliardi e rivenduta, insieme a Colaninno, a 16.000 miliardi. Le società che avrebbero dovuto pagare le tasse spariscono nei soliti paradisi fiscali alle Cayman. Nel 2000 Colaninno e De Benedetti litigano, e Colaninno viene massacrato da Repubblica, Espresso e dagli altri 30 giornali di De Benedetti. Nel 2001, De Benedetti si allea a Marco Tronchetti Provera, il quale strappa il controllo di Telecom a Colaninno, acquistando la quota di controllo in Olivetti. Ma quando Tronchetti Provera arriva in sella alla Telecom scopre che dalle casse mancano 25.000 miliardi. Telecom Italia è ormai una società con debiti fino al collo. Ad aprile 2006, sale al governo Romano Prodi, ma gli alleati, De Benedetti e Tronchetti Provera, iniziano a litigare, per cui, Espresso e Repubblica cominciano a infangare Tronchetti Provera per mesi. Prodi, ovviamente deve scegliere da che parte stare e sceglie il più rassicurante De Benedetti. A quel punto Tronchetti Provera pubblica il progetto segreto di Prodi sul riacquisto della Telecom e scoppia lo scandalo che indigna i giornali di mezzo mondo, anche se ben presto messo a tacere in Italia dai giornali di De Benedetti che fanno scoppiare lo scandalo delle intercettazioni telefoniche contro Tronchetti Provera. Prodi a quel punto si salva agli occhi dell'opinione pubblica. La colpa è tutta del suo collaboratore Rovati, amico di Prodi da una vita, cui seguono prontamente le dimissioni. Ma ovviamente queste sono solamente ricordi confusi, come pure quelli vertenti l'affare Alitalia, quando a gennaio 2007, il Governo Prodi inizia la vendita di Alitalia. Ma ci si sbaglia sicuramente a sottolineare che tra i concorrenti ci fosse una cordata formata da De Benedetti e la banca Goldman Sachs, protagonista cruciale di quasi tutte le privatizzazioni italiane. Ma per la Goldman Sachs non hanno anche collaborato oltre che Prodi, Mario Draghi, Mario Monti, Claudio Costamagna, Massimo Tononi, ora sottosegretario al Governo Prodi? Per evitare problemi con la memoria e quindi rischiare di rammentare non correttamente i fatti e i protagonisti per il famoso scandalo delle Poste si riporta l'articolo a firma Liana Minella apparso il 21 gennaio 2001 su http://www.repubblica.it/online cronaca/poste// poste/poste.html

"ROMA - *Dopo quasi otto anni di indagini e di complessi trasferimenti di atti giudiziari tra pubblici ministeri, gip e perfino il tribunale dei ministri (che ha assolto gli ex ministri Oscar Mammì e Carlo Vizzini), la procura di Roma ha chiuso il filone di indagini sulla cosiddetta Tangentopoli del ministero delle Poste. Lo ha fatto con una richiesta di rinvio a giudizio, inoltrata ai giudici una decina di giorni fa, che coinvolge oltre 160 persone. Secondo Maria Cordova, uno dei procuratori aggiunti di piazzale Clodio, gli indagati sarebbero responsabili di reati che vanno dalla corruzione, all'abuso d'ufficio, al peculato, alla violazione della legge sul finanziamento pubblico dei partiti. Tra i personaggi coinvolti ci sono l'ex presidente del Consiglio Giulio Andreotti, l'ex amministratore delegato della Olivetti Carlo De Benedetti, il senatore ulivista Franco Debenedetti, l'ex segretario del Pri Giorgio La Malfa, l'ex segretario amministrativo della Dc Severino Citaristi, l'imprenditore Giuseppe Ciarrapico e Lamberto Cardia, oggi commissario della Consob. L'inchiesta, che riguarda il versamento di tangenti a uomini politici per ottenere l'appalto di computer, stampanti e altro materiale informatico dal ministero delle Poste, era nata per la prima volta a Milano nella primavera del '93 dopo le dichiarazioni di Davide Giacalone, braccio destro dell'ex ministro delle Poste Mammì (Pri), il quale parlava delle tangenti ottenute tramite l'ex direttore generale del ministero Giuseppe Parrella. Carlo De Benedetti, il 16 maggio, si era presentato spontaneamente in procura e aveva consegnato un lungo memoriale all'ex pm Antonio Di Pietro in cui parlava di un "clima di racket" nel quale la sua azienda era stata costretta a pagare oltre 10 miliardi tra l'89 e il '91. "In quell'anno - scriveva allora De Benedetti - io decisi di ribellarmi a questo stato di cose e di interrompere ogni pagamento. Da allora non ricevemmo praticamente più alcun ordine dalle Poste". Ma subito dopo, sul quel filone, era scoppiato un conflitto di competenza tra le procure di Milano e Roma, risolto a favore di quest'ultima dalla Cassazione. E il primo, clamoroso atto da parte del pm Cordova - con il sì del gip Augusta Iannini - era stata, il 30 ottobre, la richiesta di arresto con l'accusa di concorso in corruzione per De Benedetti che era rimasto solo poche ore a Regina Coeli per essere interrogato. È trascorso molto tempo da allora e l'inchiesta sugli appalti alle Poste si è intrecciata con quella sulla telefonia in cui erano coinvolti anche i manager della Fininvest. Il pm Cordova ha gestito contemporaneamente i due filoni e, con due differenti richieste di rinvio a giudizio ora li ha chiusi entrambi. Per Andreotti, in particolare, la Cordova aveva chiesto in precedenza l'archiviazione per i reati di concorso in ricettazione e violazione della legge sul finanziamento pubblico ai partiti per aver ricevuto, tra il '91 e il '92, un miliardo da Parrella in concorso con Ciarrapico. Ma, secondo la procura, poteva essere probabile che l'imprenditore avesse fatto il nome di Andreotti per appropriarsi di somme che diversamente sarebbero andate a Paolo Cirino Pomicino. Il giudice per l'udienza preliminare Guglielmo Muntone si era opposto alla richiesta della pm chiedendone la riformulazione. Secondo Marco De Luca e Massimo Krogh, gli avvocati di De Benedetti, la richiesta della procura oggi sarebbe solo "una coda di vicende legate a vecchie contribuzioni erogate negli anni '87-90 al mondo politico, nel noto contesto ambientale che obbligava le imprese, per sopravvivere, ad assoggettarsi a meccanismi di questo tipo". Secondo i legali di altri indagati, il processo sarebbe comunque falcidiato dalla prescrizione".*

****

"Gli italiani non sono culturalmente interessati alla politica, che è una cosa seria: meglio che parlino di sederi e di tette"

Alba Parietti

Le elezioni politiche del 1983 si tennero il 26 giugno. Registrarono un incremento di voti del Partito Repubblicano dovuto al suo segretario Giovanni Spadolini che era stato il primo Presidente del Consiglio non democristiano della storia della Repubblica Italiana, ed una marcata flessione della Democrazia Cristiana che scese per la prima volta al di sotto del 35%: la differenza tra DC e PCI fu di solo un milione di voti alla Camera e mezzo milione al Senato, mai così bassa nella storia. Successivamente Bettino Craxi divenne capo del governo, il primo nella storia sotto la guida di un partito di sinistra. Una nuova crisi esplose nel 1986. Il segretario della Democrazia Cristiana, Ciriaco De Mita, ottenne che il secondo incarico conferito dal nuovo Capo dello Stato Francesco Cossiga a Craxi fosse vincolato ad un informale *"patto della staffetta"*, che avrebbe visto un democristiano alternarsi alla guida del governo dopo un anno, per condurre al termine la legislatura. Dopo aver taciuto per mesi intorno a questo patto, avallandone implicitamente l'esistenza, Craxi sconfessò l'accordo in un'intervista a Giovanni Minoli nella trasmissione Mixer nel febbraio del 1987. La sfida così pubblicamente lanciata ricompattò la DC e fu raccolta da De Mita, che fece nuovamente cadere il governo e, con un governo Fanfani, portò il Paese alle urne; con un gesto di sfida, Craxi dichiarò che non gli interessava guidare il governo durante il periodo elettorale, perché *"non stiamo in America latina, dove è il prefetto che decide l'esito delle elezioni in una provincia"*. Dal 1987 in poi, la DC non fu più disponibile a dare la fiducia a Craxi, preferendo sostenere come presidente del Consiglio prima Giovanni Goria e poi Ciriaco De Mita. Nel 1989, Craxi torna alla carica contro la maggioranza della Democrazia cristiana espressione della sinistra interna: è deciso a ritornare a Palazzo Chigi, ma per farlo deve scalzare De Mita dalla guida del governo e del partito. Forma perciò con i democristiani Giulio Andreotti e Arnaldo Forlani un'alleanza di ferro: il C.A.F. dalle iniziali dei cognomi dei tre protagonisti. De Mita rassegna le dimissioni da Presidente del Consiglio, dopo che aveva perso già la segreteria democristiana che era andata nelle mani di Arnaldo Forlani, alleato di Andreotti. Quest'ultimo, assume la guida di due governi che reggono fino al 1992. Sono anni di assoluto immobilismo, il governo sembra incapace di prendere decisioni concrete.

Nel Paese si diffonde un forte malcontento. Craxi confida apertamente in un logoramento democristiano e spera nella possibilità di portare il partito socialista al centro della scena politica, assumendo quel ruolo-guida, che fino a quel momento apparteneva alla Dc. Si mostra fiducioso di sé, anche quando il referendum sulla preferenza unica, promosso da Mario Segni, al quale Craxi si era opposto invitando gli italiani ad *andarsene al mare*", raccoglie invece un larghissimo consenso. Il progetto di Craxi, coltivato a lungo, non si realizzo mai.

****

"Commerciare con tutte le Nazioni, stringere alleanze con nessuna"

Thomas Jefferson

Tutti sanno e tutti possono criticare il braccio destro di Berlusconi. Ma dell'amico di Prodi e della sinistra, Carlo De Benedetti cosa si sa? **La Cofide** è una holding finanziaria. costituita da Carlo De Benedetti nel 1976 e quotata alla Borsa di Milano nel 1985. L'investimento più rilevante di Cofide è CIR, una seconda holding che controlla tra le altre cose il Gruppo Editoriale L'Espresso (editore di Repubblica, il quotidiano d'informazione più letto d'Italia, e secondo per copie vendute dopo il Corriere della Sera), Sorgenia e Hss. Principali Partecipazioni: **CIR S.p.A.** (partecipazione del 45,99%); **Società Finanza Attiva S.p.A.** (partecipazione del 89%); **Banca Intermobiliare di Investimenti e Gestioni S.p.A**. (partecipazione del 3.97%); **Cofide International S.A**. (partecipazione del 100%); **Cofidefin Servicos de Consultoria Lda** (partecipazione del 25,6%). CIR:Compagnie Industriali Riunite S.p.A. è una holding italiana quotata in borsa e controllata al 46% dalla COFIDE della famiglia De Benedetti. La società nasce nel 1976, quando Carlo De Benedetti rileva la Concerie

Italiane Riunite, azienda conciaria torinese, dalla Famiglia Bocca, storico proprietario, e la trasforma in una holding di partecipazioni industriali. La società viene poi ridenominata Compagnie Industriali Riunite. La CIR è a capo di un gruppo industriale attivo nell'energia, nei media, nella componentistica auto, nella sanità e negli investimenti non-core, venture capital, private equity e altri investimenti. Nel 2010 il gruppo CIR ha registrato un fatturato di circa 4,5 miliardi. I dipendenti del gruppo sono circa 14mila. L'attività principale del gruppo è rappresentata da **Sorgenia**, società costituita da CIR nel 1999 grazie a un accordo con l'utility austriaca Verbund e divenuta negli anni uno dei principali operatori italiani nel settore dell'energia elettrica e nel gas. Sorgenia è attiva nella produzione e vendita di energia elettrica e nella vendita di gas naturale con circa 500 000 clienti in tutto il territorio nazionale. Dopo essersi focalizzata per alcuni anni sul segmento delle partite IVA e delle piccole imprese, nel 2011 la società è entrata nel mercato della fornitura di energia elettrica per le famiglie. CIR è azionista di controllo di Sorgenia con una quota del 52%. Nel 2011 Sorgenia ha ottenuto un fatturato di circa 2,1 miliardi di euro. Nel settore dei media CIR controlla il **Gruppo Editoriale L'Espresso** azienda editoriale quotata in Borsa alla quale fanno capo il quotidiano "*la Repubblica*", il settimanale "*L'Espresso*" e altri magazine, 18 giornali locali, tre emittenti radiofoniche nazionali,

Radio Deejay, Radio Capital e **M2O, due emittenti televisive, una divisione digitale e una concessionaria pubblicitaria**. Il gruppo è attivo anche **nelle infrastrutture televisive con due multiplex per il digitale terrestre**. Nel 2011 il Gruppo Editoriale l'Espresso ha ottenuto un fatturato di 890,1 milioni di euro. Nella componentistica per autoveicoli opera la controllata SOGEFI, uno dei principali operatori mondiale dei settori sistemi motore, filtrazione e sistemi aria-motore e componenti per sospensioni, molle di precisione, barre stabilizzatrici. Fondata a Mantova nel 1980, SOGEFI oggi fornisce le più importanti case automobilistiche mondiali e opera in 16 paesi di cinque continenti con 46 stabilimenti. La storia di SOGEFI è caratterizzata da numerose acquisizioni, in particolare in Europa e in Sud America: l'ultima in ordine di tempo è stata quella di Mark IV Systèmes Moteurs, sistemi motore, perfezionata a fine luglio 2011. Nel 2011 Sogefi ha raggiunto un fatturato di 1.158,4 milioni di euro, con ricavi pro-forma a 1.335 milioni di euro ipotizzando il consolidamento di Systèmes Moteurs dal 1 gennaio 2011. **KOS**, controllata da CIR e partecipata dal fondo AXA Private Equity, opera nella sanità socio-assistenziale. Costituito nel 2003 con il nome di Holding Sanità e Servizi, KOS è attiva nella gestione di residenze sanitarie assistenziali, attraverso il marchio Anni Azzurri e di centri di riabilitazione, S.Stefano. La società, inoltre, fornisce e gestisce tecnologie medicali diagnostiche e terapeutiche attraverso la controllata Medipass. Il gruppo KOS è uno dei principali operatori italiani del settore con oltre 60 strutture gestite nel centro-nord Italia. Recentemente il gruppo ha avviato una joint-venture in India nel settore delle tecnologie medicali. KOS impiega circa 4.000 dipendenti per un fatturato annuo di circa 350 milioni di euro. Il gruppo CIR è inoltre attivo in varie iniziative di investimento come il **fondo di venture capital CIR Ventures**, una serie di partecipazioni nel settore del private equity e un portafoglio di crediti non performing. Nel corso del 2011, il gruppo CIR ha acquistato una quota di circa il 20% del gruppo **SEG** (Swiss Education Group), attivo nella formazione nel settore dell'hospitality (hotel, ristorazione, ecc.) con sei strutture e oltre 5.000 studenti provenienti da tutto il mondo. Nulla da invidiare a Silvio Berlusconi. Però De Benedetti è stato più furbo, non è sceso in politica, ha messo lui chi voleva.

****

Cosa dire del finanziamento pubblico all'editoria?

Cosa dire del finanziamento pubblico all'editoria? Forse anche questa stranezza è colpa di Berlusconi? Per la cronaca riportiamo i dati del finanziamento erogato ai giornali di partito (riferimento dati 2007): Il Campanile nuovo 1.150.919,75 € UDEUR; Democrazia Cristiana 298.136,46 € DC; Italia Democratica 298.136,46 € Editrice Mediterranea; Cronache di Liberal 1.200.342,31 € UDC; Liberazione 3.947.796,54 € PRC ; Notizie verdi 2.510.957,71 € I Verdi; La Padania 4.028.363,82 € Lega Nord; Le Peuple Valdôtain 301.325,06 € Union Valdôtaine; La Rinascita della Sinistra 934.621,50 € PdCI; Secolo d'Italia 2.959.948,01 € PdL ; Il SocialistaLab 472.036,97 € Nuovo PSI ; l'Unità 6.377.209,80 € PD; Zukunft in Südtirol 650.081,04 € SVP. E i giornali non di partito? Ecco la lista, sempre riferita ai dati 2007, ove è indicata nell'ordine l'impresa, la testata e l'importo: Area Agenzia Coop., A.R.L A.R.E.A, € 1.012.255,52; International, Press Scarl Avanti! (L') € 2.530.638,81; Il Corriere Nazionale € 2.299.508,81; Conquiste Del Lavoro Srl, Conquiste Del Lavoro € 3.346.922,70; Giornali Associati, Coop. Ed.Le A Rl, Corriere Di Forlì €

2.530.638,81; Edilazio 92 Scrl, Corriere Laziale € 1.872.667,94; 19 Luglio Coop. Ar.L., Corriere del Giorno di Puglia e Lucania € 2.163.034,26, Giornalisti E Poligrafici Coop. Arl, Il Corriere Mercantile € 2.530.638,81, NUOVA Informazione Soc. Coop. A R.L., La Cronaca € 2.455.920,31; Dire Scrl, Dire € 1.012.255,52; Dossier Soc.Coop D'inform. E Pubbliche Relazioni A.R.L., Buongiorno Campania (Già Dossier News Di Caserta Il Giornale) € 1.071.799,30; Editoriale '91 Scrl, Il Giornale Di Calabria € 377.613,61; Agenzia Grt Soc.Coop., Grtv Press € 359.647,47; Giornalisti & Poligrafici Associati Soc. Coop. Arl, Italia Sera € 818.575,40; Linea Soc.Coop. A.R.L., Linea € 2.530.638,81; Manifesto (Il) Coop. Ed.Ce A Rl, Il Manifesto € 4.352.698,75; Stampa Democratica 95 Soc. Coop Giornalistica A Rl, Metropolis € 1.609.581,83; Edizioni Giornali Quotidiani Piccola Soc. Coop. A.R.L., Nuova Gazzetta Di Caserta € 710.590,80. Poi esistono i *"Contributi per Quotidiani Editi da Cooperative di Giornalisti"* (Art. 3 comma 2 Legge 250/1990), i *"Contributi per Quotidiani Editi da Imprese Editrici la cui maggioranza del capitale sia detenuta da Cooperative, Fondazioni o Enti Morali"* (Art. 3 comma 2 bis Legge 250/1990), i *"Contributi per Quotidiani Italiani Editi e Diffusi all'estero"* (Art. 3 comma 2 ter Legge 250/1990); i *"Contributi per Periodici Editi da Cooperative di Giornalisti"* (Art. 3 comma 2 quater Legge 250/1990), i

"Contributi per Imprese Editrici di Quotidiani o Periodici Organi di Movimenti Politici, Trasformatesi in Cooperativa entro e non oltre il 1° Dicembre 2001" (Art.153 Legge 388/2000), i *"Contributi alle imprese editrici di periodici che risultino esercitate da cooperative, fondazioni o enti morali ovvero da società la maggioranza del capitale sociale delle quali sia detenuta da cooperative, fondazioni o enti morali, che non abbiano scopo di lucro"* (Art. 3 comma 3 Legge 250/1990), i *"Contributi alle emittenti televisive pari al 60% degli abbonamenti con agenzie di stampa e informazione"*, (art. 23, comma 3, legge 6 agosto 1990, n. 223); i *"Contributi alle imprese televisive organo di partito politico"* (art. 7, comma 13, legge 3 maggio 2004, n. 112); i *"Riconoscimento delle riduzioni tariffarie a favore delle imprese televisive"* (art. 23, comma 3, legge 6 agosto 1990, n. 223); i *"Contributi alle TV satellitari"*; i *"Contributi per canali satellitari tematici"* (Art.7,comma 13 legge 112/2004).

Per la serie un contributo non si nega a nessuno. Giusto per ricordare stiamo parlando di soldi pubblici, o per meglio dire soldi nostri. Però il male, quello d'abbattere è Silvio Berlusconi. Per completezza di informazione analizziamo anche i dati editoriali, societari e finanziari di 52 quotidiani, 75settimanali, 150 mensili, a marzo 2001, giusto anche per comprendere se poi è vero che la stampa sia tutta in mano a Berlusconi.

Gruppo Fininvest-Berlusconi : Silvio, Marina, PierSilvio (gruppo Sbe-Silvio Berlusconi editore, Fininvest spa, Mondadori, Paolo Berlusconi finanziaria):
Il Giornale - Chi - Confidenze - Donna moderna - Grazia - Guida Tv - Panorama - Sorrisi e Canzoni tv - TelePiù - CasaViva - Ciak - Cucina moderna - Marie Claire - Panorama travel - Sale e Pepe - Auto oggi - Casa Facile - Star Bene - Tutto - Y&S

Mondadori: (ex-Proprietà famiglia Mondadori Leonardo e Mondadori Editore)
Il Giornale - Men's Health - Auto Oggi - Cosmopolitan - Focus - Men's Health - Top Girl - Pc Professionale - ZeroUno - Espansione - Viaggiare.it - ee - Vera

Rcs Editori - Rcs Periodici : (gruppo di proprietà della Hdp,holding di partecipazioni industriali)
Il Corriere della Sera - La Gazzetta dello Sport - Sport week - HappyWeb - Insieme - Io e Il mio Bambino - Fit for Fun - Amica - Anna - Io Donna - Il Mondo - Novella 2000 - Oggi Sette - Visto - Astra - Brava Casa - Capital - Carnet - Dove - Elle - Elle Decor - Max - Newton - Salve - Verde oggi - Amadeus - Archeo - Donna e Mamma

Gruppo Editoriale Espresso: (Cir, De Benedetti)
Alto Adige/Corriere delle Alpi - L'Arena - Il Centro - Gazzetta di Reggio - Messaggero Veneto - La Nuova

Ferrara - Nuova Gazzetta di Modena - La Nuova Sardegna - La Provincia Pavese - La Repubblica - Il Tirreno - La Tribuna di Treviso - Libertà - Il Mattino di Padova - Il Piccolo - La Nuova Venezia - L'Espresso - Il Venerdì - National Geographic - D - La Repubblica delle Donne - Le Scienze

Gruppo Caltagirone Editore: (gruppo guidato da Ing. Francesco Gaetano Caltagirone)
Il Mattino - Il Messaggero - Quotidiano di Lecce, Brindisi e Taranto

Poligrafici Editoriale Spa: (gruppo bolognese in cui la famiglia di Andrea Monti Riffeser è l'azionista di maggioranza)
Il Giorno - La Nazione - Il Resto del Carlino - Onda Magazine Tv - Cavallo Magazine - Lo Sperone

Burda Holding International: (quote azionarie al 30% insieme al gruppo Rcs)
Amica - Anna - Io donna - Il Mondo - Novella 2000 - Oggi - Visto - Astra - Capital - Fit for fun - Insieme - Max - Newton - Bravacasa - Salve - Verde oggi.

Condè Nast Edizioni spa: (Società editrice americana)
Ad - Glamour - Gq - Sposa Bella - Traveller - L'uomo Vogue - Vogue - Vogue gioiello - Vogue - Sposa - Vogue bambini - Vogue gioiello

Hachette Filippacchi Presse: (Gruppo guidato da De Roquemaurel e Denfer-Rochereau)
Eva tremila - Gente - Gioia - Auto&Fuoristrada - Donna - Elle - Elle Décor - Gente Money - Gente Motori - Gente viaggi - Rakam - Spazio Casa - Vitalità - Gente mese - Tutto moto.

Darp: De Agostini-Rizzoli Editori : (De Agostini Holding spa)
Il Fisco - Amadeus - Archeo - Carnet - Dove - Gulliver - Happyweb - Medioevo - Speakup.

Confindustria: (Gruppo guidato da Confindustria e Il Sole 24ore spa)
Il Sole 24 ore - AgriSole

Compagnia Formazione Editoriale Spa: (Editrice Segesta Abitare spa)
Abitare - Case da abitare - Costruire

Itedi Italiana Edizioni spa: (Gruppo Fiat spa al 100%)
La Stampa - Specchio della Stampa

Cir spa: (Controllata dall'imprenditore Carlo de Benedetti)
La Repubblica - L'Espresso - Venerdì di Repubblica - D-La Repubblica delle Donne

Carlo Caracciolo: (si veda anche il gruppo L'Espresso)
Alto Adige-Corriere delle Alpi - Il Centro - Gazzetta di
Mantova - Gazzetta di Reggio - La Nuova Ferrara - Nuova
Gazzetta di Modena - la Nuova Sardegna - La Nuova
Venezia - Il Tirreno - La tribuna di Treviso - Messaggero
veneto - Il Piccolo - La Repubblica - L'Espresso - Il
venerdì di Repubblica - D- La Rep.Delle Donne - Le
Scienze

Fam. Crespi: (di riferimento la persona fisica di Giulia
Maria Mazzoni Crespi)
L'Espresso - Il Venerdì di Repubblica - D-La Rep.delle
Donne

Mario Ciancio SanFilippo editore:
La Sicilia - Il Giornale di Sicilia - La Gazzetta del Sud

Snie, Società Nuova Iniziativa Editoriale Srl: (Editore
Baldini&Castoldi, Alessandro Dalai....)
L'Unità

Manifesto Cooperativa a r.l.: (La proprietà è frazionata
tra 131 persone fisiche e la soc.cooperativa)
Il Manifesto

Editrice Romana spa: (la proprietà è della famiglia del
costruttore Domenico Bonifaci)
Il Tempo

Società editrice Edital (del Msi-Destra Nazionale-editore Gianfranco Fini)
Il Secolo d'Italia

Analizzando questi dati emerge che esistono cinque società per azioni che controllano il 71% di un mercato editoriale da 4,927 miliardi di euro. La parte del leone la fa la Rcs Editori Spa, che da sola controlla il 21,3% del mercato editoriale. Il gruppo amministrato comprende Cesare Romiti, Diego Della Valle, rappresentanti delle famiglie Ligresti, Pesenti, Passera, John Jacob Philip Elkann, nipote di Umberto Agnelli, fratello di Lapo, membro della lobby globale Bilderberg nonché vicepresidente del gruppo Fiat. Il Gruppo Rcs è Controllato da holding come Mediobanca, Fiat, Pirelli, Intesa-SanPaolo e il gruppo Benetton. Rcs è in edicola con il Corriere della Sera e la Gazzetta dello Sport, ma il gruppo pubblica anche lo spagnolo "El Mundo" e una immensa schiera di riviste che vanno da "Amica" a "Yacht & Sail", passando per L'Europeo, Max, Novella 2000, Oggi e Anna. Entrando in libreria abbiamo l'impressione di avere mille case editrici differenti e autonome, ma i marchi Rizzoli, Bompiani, Fabbri, Adelphi, Sansoni e Sonzogno fanno soldi a nome e per conto di RCS. Poi abbiamo il Gruppo Editoriale L'Espresso, quello "di sinistra", che sotto la guida dell'ingegner De Benedetti ricordiamo che stampa "La Repubblica", "L'Espresso", "Limes", "MicroMega" e una miriade di quotidiani locali, richiamiamo alla memoria che controlla anche tre grosse radio (Radio Deejay, m2o, Radio Capital) e il megaportalone di servizi internet Kataweb. Nella sostanza è una azienda che controlla il 18,6% del mercato editoriale. Il 10% del mercato è controllato da "Il Sole 24 Ore Spa", controllato al 67,5% da Confindustria. Il gruppo controlla il quotidiano omonimo e l'emittente "Radio 24". Il 4,9% del mercato è del suocero di Pierferdinando Casini, il cavaliere del lavoro Francesco Gaetano Caltagirone. La famiglia controlla il 70% del gruppo. Tra gli organi di informazione del gruppo troviamo il Messaggero, il Mattino di Napoli, il Corriere Adriatico, il Nuovo Quotidiano di Puglia e il Gazzettino di Venezia. Ma non è Silvio Berlusconi a controllare tutta la stampa?

****

"Pensare non è essere d'accordo
o in disaccordo:
questo è votare"

Robert Lee Frost

Quando si scrive su Berlusconi esistono le verità, quando si scrive sugli altri le verità diventano fantasia; ma le fantasie non potrebbero divenire realtà? Quanto viene di seguito riportato ognuno potrà intenderlo come meglio gli aggradi. Nel giugno 1992 si insediò il governo di Giuliano Amato, che per dar l'avvio alle privatizzazioni, si affrettò a consultare il centro del potere finanziario internazionale, le tre grandi banche di Wall Street: Merrill Lynch, Goldman Sachs e Salomon Brothers. Appena salito al potere, Amato trasformò gli Enti statali in Società per Azioni, valendosi del decreto Legge 386/1991, in modo tale che l'élite finanziaria li potesse controllare, e in seguito rilevare. L'inizio fu concertato dal Fondo Monetario Internazionale, che, come aveva fatto in altri paesi, voleva privatizzare selvaggiamente e svalutare la nostra moneta, per agevolare il dominio economico-finanziario dell'élite. L'incarico di far crollare l'economia italiana venne dato a George Soros, un cittadino americano che tramite informazioni ricevute dai Rothschild, con la complicità di alcune autorità italiane, riuscì a far crollare la nostra moneta e le azioni di molte aziende italiane. Soros ebbe l'incarico, da parte dei banchieri anglo-americani, di attuare una serie di speculazioni, efficaci grazie alle informazioni che egli riceveva dall'élite finanziaria. Egli fece attacchi speculativi degli hedge funds per far crollare la lira. A causa di questi attacchi, il 5 novembre del 1993 la lira perse il 30% del suo valore, e anche negli anni successivi subì svalutazioni. Le reti della Banca Rothschild, attraverso il direttore Richard Katz, misero le mani sull'Eni, che venne svenduta. Il gruppo Rothschild ebbe un ruolo preminente anche sulle altre privatizzazioni, compresa quella della Banca d'Italia. C'erano stretti legami fra il Quantum Fund di George Soros e i Rothschild. Ma anche numerosi altri membri dell'élite finanziaria anglo-americana, come Alfred Hartmann e Georges C. Karlweis, furono coinvolti nei processi di privatizzazione delle aziende e della Banca d'Italia. La Rothschild Italia Spa, filiale di Milano della Rothschild & Sons di Londra, venne creata nel 1989, sotto la direzione di Richard Katz. Quest'ultimo diventò direttore del Quantum Fund di Soros nel periodo delle speculazioni a danno della lira. Soros era stato incaricato dai Rothschild di attuare una serie di speculazioni contro la sterlina, il marco e la lira, per destabilizzare il sistema Monetario Europeo. Sempre per conto degli stessi committenti, egli fece diverse speculazioni contro le monete di alcuni paesi asiatici, come l'Indonesia e la Malesia. Dopo la distruzione finanziaria dell'Europa e dell'Asia, Soros venne incaricato di creare una rete per la diffusione degli stupefacenti in Europa. In seguito, i Rothschild, fedeli al loro modo di fare, cercarono di far cadere la responsabilità del crollo economico italiano su qualcun altro. Attraverso una serie di articoli pubblicati sul Financial Times, accusarono la Germania, sostenendo che la Bundesbank aveva attuato operazioni di aggiotaggio contro la lira. L'accusa non reggeva, perché i vantaggi del crollo della lira e della svendita delle imprese italiane andarono agli anglo-americani. Nell'ottobre del 1995, il presidente del Movimento Internazionale per i Diritti Civili-Solidarietà, Paolo Raimondi, presentò un esposto alla magistratura per aprire un'inchiesta sulle attività speculative di Soros & Co, che avevano colpito la lira. Per contrastare l'attacco, l'allora governatore della Banca d'Italia, Carlo Azeglio Ciampi, bruciò inutilmente 48 miliardi di dollari. Su Soros indagarono le Procure della Repubblica di Roma e di Napoli, che fecero luce anche sulle attività della Banca d'Italia nel periodo del crollo della lira. Soros venne accusato di aggiotaggio e insider trading, avendo utilizzato informazioni riservate che gli permettevano di speculare con sicurezza e di anticipare movimenti su titoli, cambi e valori delle monete. La Goldman Sachs è uno dei centri della grande speculazione sui derivati e sulle monete a livello mondiale. La Goldman Sachs è anche coinvolta in modo diretto nella politica delle privatizzazioni in Italia. In

Italia inoltre, il sig. Soros conta sulla strettissima collaborazione del sig. Isidoro Albertini, ex presidente degli agenti di cambio della Borsa di Milano L'attacco speculativo contro la lira del settembre 1992 era stato preceduto e preparato dal famoso incontro del 2 giugno 1992 sullo yacht *"Britannia"* della regina Elisabetta II d'Inghilterra, dove i massimi rappresentanti della finanza internazionale, soprattutto britannica, impegnati nella grande speculazione dei derivati, come la S. G. Warburg, la Barings e simili, si incontrarono con la controparte italiana guidata da Mario Draghi, direttore generale del ministero del Tesoro, e dal futuro ministro Beniamino Andreatta, per pianificare la privatizzazione dell'industria di stato italiana. A seguito dell'attacco speculativo contro la lira e della sua immediata svalutazione del 30%, codesta privatizzazione sarebbe stata fatta a prezzi stracciati, a beneficio della grande finanza internazionale e a discapito degli interessi dello stato italiano e dell'economia nazionale e dell'occupazione. Stranamente, gli stessi partecipanti all'incontro del Britannia avevano già ottenuto l'autorizzazione da parte di uomini di governo come Mario Draghi, di studiare e programmare le privatizzazioni stesse. Qui ci si riferisce per esempio alla Warburg, alla Morgan Stanley, solo per fare due tra gli esempi più noti. L'agenzia stampa EIR (Executive Intelligence Review) ha denunciato pubblicamente questa sordida operazione alla fine del 1992 provocando una serie di interpellanze parlamentari e di discussioni politiche che hanno avuto il merito di mettere in discussione l'intero procedimento, alquanto singolare, di privatizzazione. I complici italiani furono il ministro del Tesoro Piero Barucci, l'allora Direttore di Bankitalia Lamberto Dini e l'allora governatore di Bankitalia Carlo Azeglio Ciampi. Altre responsabilità vanno all'allora capo del governo Giuliano Amato e al Direttore Generale del Tesoro Mario Draghi. Alcune autorità italiane, come Dini fecero il doppio gioco: denunciavano i pericoli ma in segreto appoggiavano gli speculatori. Amato aveva costretto i sindacati ad accettare un accordo salariale non conveniente ai lavoratori, per la necessità di rimanere nel Sistema Monetario Europeo, pur sapendo che l'Italia ne sarebbe uscita a causa delle imminenti speculazioni. Ma si sa certi argomenti è meglio lasciarli nei meandri della storia. Dimenticati, e polverosi diventano poi leggende. Sempre però che non si tratti di Berlusconi.

****

"Con il premier Berlusconi abbiamo
sviluppato un rapporto forte.
Quando ci incontriamo
è sempre un piacere, ridiamo, scherziamo,
facciamo cose concrete e serie.
Il premier Berlusconi è stato un grande
amico degli Stati Uniti e mio personale"

Barack Obama

Nella dottrina morale cattolica, i vizi capitali sono i principali desideri non ordinati verso il Bene Sommo, cioè Dio, dai quali tutti i peccati traggono origine. Essi sono: **Superbia** (desiderio irrefrenabile di essere superiori, fino al disprezzo di ordini, leggi, rispetto altrui); **Avarizia** (desiderio irrefrenabile dei beni temporali); **Lussuria** (desiderio irrefrenabile del piacere sessuale fine a se stesso); **Invidia** (tristezza per il bene altrui, percepito come male proprio); **Gola** (abbandono ed esagerazione nei piaceri della tavola, e non solo); **Ira** (irrefrenabile desiderio di vendicare violentemente un torto subito); **Accidia** (torpore malinconico, inerzia nel vivere e compiere opere di bene). I vizi capitali rappresentano in maniera didascalica la nostra classe politica, e questo senza voler fare del facile e sterile populismo. Salvo rarissime eccezioni la storia dei nostri politici è stata intrisa, è intrisa di ciò. Di contro le virtù teologali la fede, la speranza e la carità, non hanno mai trovato radici nel substrato della politica italiana. E' sempre stata una lotta per il raggiungimento dei tanti agognati privilegi a loro, per loro e da loro assegnati. Cominciamo nel ricordare che attualmente abbiamo 945 parlamentari così distribuiti: 630 deputati e 315 senatori italiani. Negli Stati Uniti d'america, un paese poco più grande del nostro, sono rispettivamente 100 e 410, mentre in Spagna gli onorevoli sono 350. Già questo rappresenta un quadro abbastanza sconvolgente. Per prima cosa sono 945, senza considerare i vari corollari, bocche da sfamare, sono ipoteticamente 945 teste pensanti, 945 persone da mettere d'accordo, ma tutti, o rare eccezioni, appassionatamente insieme sia che siano di sinistra, destra o centro quando si tratta di badare al conto in banca personale. Analizziamo i **"privilegi"** dei Parlamentari aggiornati al 2011.

Indennità parlamentare (stipendio base): 5.486 euro netti al mese. 5.613 euro per i senatori.

Diaria (rimborso spese per il soggiorno a Roma): 3.503 euro mensili. Con penale di 206,58 euro per ogni assenza dalle votazioni, dove è considerato presente il parlamentare che partecipa almeno al 30% delle votazioni effettuate nell'arco della giornata.

Rimborso per spese inerenti al rapporto tra eletto ed elettori: 3.690 euro mensili. I senatori hanno invece un "*contributo di supporto*" di 4.180 euro mensili: 1.680 versati direttamente al senatore e 2.500 versati al gruppo parlamentare di appartenenza.

Spese di trasporto e spese di viaggio: GRATIS + ulteriori 1.108/1.333 euro mensili. I senatori percepiscono 1.650 euro mensili che comprendono anche le spese telefoniche. I parlamentari usufruiscono di tessere per la libera circolazione autostradale, ferroviaria, marittima ed aerea per i trasferimenti sul territorio nazionale. Per i trasferimenti dal luogo di residenza all'aeroporto più vicino, e tra l'aeroporto di Roma-Fiumicino e Montecitorio, è previsto un rimborso spese trimestrale pari a 3.323,70 euro, per il deputato che deve percorrere fino a 100 km per raggiungere l'aeroporto più vicino al luogo di residenza, e a 3.995,10 euro se la distanza da percorrere è superiore a 100 km.

Spese telefoniche: 258 euro mensili. I deputati dispongono di una somma annua di 3.098,74 euro per le spese telefoniche.

TOTALE STIPENDIO NETTO MENSILE: 14.269 euro al Deputato e 15.000 euro al Senatore.

Ma il Parlamentare ha anche diritto a:

Assegno di fine mandato (liquidazione): al termine del mandato parlamentare, il parlamentare riceve un assegno che è pari all'80% dell'importo mensile lordo dell'indennità, per ogni anno di mandato effettivo (o frazione non inferiore ai sei mesi). Parafrasi: se non ho fatto male i calcoli la sola indennità lorda è di 11.704 euro, cifra che va moltiplicata per ogni anno di mandato non inferiore ai 6 mesi. Se il mandato fosse di cinque anni, il nostro parlamentare si beccherebbe una *"liquidazione"* di 58.520 euro.

Assegno vitalizio (pensione): Il parlamentare, dopo 5 anni di mandato effettivo, riceve il vitalizio a partire dal 65° anno di età. Il limite di età diminuisce fino al 60° anno di età in relazione agli anni di mandato parlamentare svolti. L'importo dell'assegno varia da un minimo del 20 per cento a un massimo dell'60 per cento dell'indennità parlamentare, a seconda degli anni di mandato parlamentare. Parafrasi: la pensione di un parlamentare va da un minimo 2.304 euro a un massimo di 6.912 euro al mese, per garantirsela bastano 5 anni di mandato.

A quanto fino ad esso elencato mancano i generosi stipendi per gli assistenti dei Parlamentari, i cosiddetti *"portaborse"*, che spesso sono parenti o conoscenti. Su questo punto non mi esprimo poiché non è ben chiaro se tali spese vengano detratte dallo stipendio del Parlamentare, oppure se i portaborse vengano remunerati a parte dai contribuenti. Infine, le precedenti cifre e agevolazioni vengono naturalmente maggiorate per le più alte cariche statali e per i senatori a vita. Riassumendo ai circa 240 milioni annui precedenti vanno aggiunti i vitalizi dei parlamentari pensionati, le maggiorazioni per le alte cariche, gli stipendi dei portaborse, le costosissime auto blu e varie ed eventuali. Quindi i contribuenti italiani pagano circa 240 milioni di euro all'anno per stipendiare i 945 Parlamentari al lordo di imposte, contributi ecc. (agevolazioni sui trasporti escluse). E in Europa? Da un'inchiesta de l'Espresso si evince che gli euro-deputati italiani sono allo stesso tempo i più pagati e i più assenteisti. Al 2009, il totale dei compensi per il nostro alfiere europeo ammontava a 144.000 euro all'anno (privilegi esclusi), nettamente in vantaggio rispetto all'inseguitore austriaco (106.583 euro), a quello olandese (86.000), e ovviamente all'euro-media che è di circa 60.000 euro. Anche qui sorge spontanea una domanda: perché i contribuenti italiani devono pagare i propri euro-parlamentari più del doppio di quanto pagano i contribuenti degli altri stati? Lo scorso 21 settembre 2010, il deputato Antonio Borghesi ha proposto l'abolizione del vitalizio che, come abbiamo visto, al parlamentare spetterebbe dopo soli 5 anni di mandato, mentre al normale contribuente dopo 40 anni. Questi gli esiti della votazione: Presenti: 525: Votanti: 520: Astenuti: 5; hanno votato SI alla proposta: 22, hanno votato NO alla proposta: 498.

Si riporta un estratto del discorso con cui è stata introdotta in Parlamento la proposta, poi bocciata quasi all'unanimità. *"Non sarà mai accettabile per nessuno che vi siano persone che hanno fatto il parlamentare per un* giorno, ce ne sono tre, e percepiscono più di 3.000 euro al mese di vitalizio. Non si potrà mai accettare che ci siano altre persone rimaste qui per sessantotto giorni, dimessisi per incompatibilità, che percepiscono un assegno vitalizio di più di 3.000 euro al mese. C'è la vedova di un parlamentare che non ha mai messo piede materialmente in Parlamento, eppure percepisce un assegno di reversibilità. ... si potrebbe procedere nel senso da noi prospettato, che consentirebbe di fare risparmiare al bilancio della Camera e anche a tutti i cittadini e ai contribuenti italiani circa 150 milioni di euro l'anno".

****

*"Non tramare il male contro il tuo prossimo
mentre egli dimora fiducioso presso di te"*

Salomone

Se si è rimasti scandalizzati per quanto sopra esposto, se si
rimane allibiti per le 2330 pensioni pagate ai parlamentari,
per cui spendiamo 219 milioni l'anno per pagarle e che
solo 15 milioni sono di contributi versati dai parlamentari e
gli altri 204 sono a carico dei contribuenti, come si può
assorbire il colpo di quelli che prendono la doppia
pensione, da parlamentare e da consigliere regionale?
Facile, basta dare la colpa a Silvio Berlusconi. Alle 2330
pensioni degli ex parlamentari vanno aggiunte infatti le
3183 degli ex consiglieri regionali, quindi ai 219 milioni di
euro dilapidati per le prime vanno aggiunti i 168 milioni
dilapidati per le seconde. Oltretutto ci sono almeno 200 ex
che stanno in entrambi i grupponi di privilegiati e
prendono così una doppia ricca pensione, da parlamentari e
da consiglieri regionali, come se avessero vissuto due
volte. I due volte mantenuti sono 31 in Campania, 18 nelle
Marche, 17 in Piemonte. Fra quelli che prendono la doppia
pensione troviamo alcuni personaggi celebri come l'ex
leader del Movimento studentesco Mario Capanna: 5000
euro lordi da ex consigliere regionale della Lombardia,

4725 euro da ex parlamentare; il presidente della Fondazione Cariplo Giuseppe Guazzetti: 8000 euro da ex consigliere regionale della Lombardia e 4725 euro da ex parlamentare: il leader referendario Mariotto Segni: 9947 euro da ex parlamentare, mentre non è noto l'ammontare di quella da ex consigliere regionale della Sardegna; l'ex ministro Nicola Mancino: 9947 euro da ex parlamentare, anche di lui non è noto l'ammontare di quella da ex consigliere regionale della Campania; Alfredo Vito: 4800 euro da ex parlamentare e 3600 euro da ex consigliere regionale della Campania; Giulio Maceratini: 9947 da ex parlamentare e 5610 da ex consigliere regionale del Lazio; Antonio Sassolino: non è noto l'ammontare di nessuna delle due pensioni; l'ex governatore di An Antonio Rastrelli: 9387 euro da ex parlamentare, non è noto l'ammontare di quella da ex consigliere regionale della Campania; l'ex sottosegretario Isaia Sales: 4725 da ex parlamentare, non è noto l'ammontare di quella da ex consigliere regionale della Campania; il primo governatore della Lombardia Piero Bassetti: 3978 euro da ex parlamentare, 4000 euro da ex consigliere regionale della Lombardia; l'ex craxiano Paris Dell'Unto: 8455 euro da ex parlamentare e 9000 euro da ex consigliere regionale del Lazio; l'ex ministro Ortensio Zecchino: 8455 euro da ex parlamentare, non è noto l'ammontare di quella da ex consigliere regionale della Campania; Elio Veltri: 3108 da ex parlamentare, 4000 da ex consigliere regionale della

Lombardia: Giovanni Russo Spena. di pensioni ne prende addirittura tre: una da ex professore universitario 3250 euro lordi, una da parlamentare 4725 euro lordi e una da ex consigliere regionale 3000 euro lordi, in tutto oltre 11.000 euro lordi.

Ma la figlia non è una delle leader del movimento degli indignados anticasta? La politica come abbiamo fino adesso analizzato può prospettare eventi miracolosi, ma pensando al caso dei 13 parlamentari siciliani che sono riusciti nella meravigliosa impresa di figurare nello stesso tempo come deputati in carica ed ex deputati, sommando stipendio da parlamentare e vitalizio da ex onorevoli dell'Assemblea regionale siciliana si rimane per lo meno basiti. La denuncia dello scandalo ha provocato un intervento che, con il minimo sindacale del buon senso, nel gennaio 2011 ha cancellato la follia introducendo un principio di banale normalità: o uno è deputato o uno è ex deputato.

Ma siccome il buon senso sembra non essere facente parte del DNA di questi nobili signori 6 dei 13 parlamentari siciliani nell'agosto 2011 hanno presentato ricorso alla Corte dei Conti per riavere di nuovo accesso al cumulo di assegni. Considerata la particolarità del caso meritano di essere citati, anche per constatare che quando c'è da difendere denari e benefit connessi, non c'è differenza di schieramento né di casacca: Calogero Mannino del Gruppo misto, Giuseppe Firrarello (Pdl), Vladimiro Crisafulli

(Pd),Salvo Fleres (Forza del Sud), Sebastiano Burgaretta (Pdl) e Alessandro Pagano (Pdl).

****

*"Compromesso: La composizione
di un conflitto di interessi
che dà a entrambi i contendenti
la soddisfazione di pensare
di aver ottenuto qualcosa di insperato,
e di perdere soltanto entro i limiti del dovuto"*

Ambrose Bierce

Si verifica un conflitto di interessi quando viene affidata un'alta responsabilità decisionale ad un soggetto che abbia interessi personali o professionali in conflitto con l'imparzialità richiesta da tale responsabilità, che può venire meno visti i propri interessi in causa. Nella sezione rubriche de *"La Repubblica"* " *La Parola"* a cura di Carlo Galli del 5 luglio 2011 possiamo leggere:

"...Nel caso di Berlusconi, di cui il parlamento ha sempre sancito l'eleggibilità, il conflitto d'interessi si manifesta a livello economico nella sua posizione di massimo imprenditore italiano delle televisioni commerciali e al contempo di leader del partito di maggioranza che controlla il Cda della Rai di Stato; e a livello politico giudiziario in una lunga serie di provvedimenti di legge volti alla difesa della sua persona dai processi penali che

lo vedono imputato, prescrizione breve, processo lungo,
scudo giudiziario per le alte cariche dello Stato, legittimo
sospetto verso la corte giudicante, legittimo impedimento
ecc., a cui si è aggiunto il tentato stravolgimento del
processo civile con l'introduzione di una norma che
avrebbe consentito a chi deve pagare una rilevante
ammenda, com'è il caso di Fininvest verso la Cir, per la
vicenda Mondatori, di attendere che la sentenza passasse
il vaglio della Cassazione. Benché per ora la norma sia
caduta, questo legiferare in causa propria è l'estrema
manifestazione di quella confusione radicale fra pubblico
e privato che è l'essenza del conflitto d'interessi".
L'articolo riportato non è altro che la summa di quanto
hanno detto, e ridetto gli appartenenti alla moralista
sinistra. Berlusconi è sicuramente uno dei massimi
imprenditori italiani delle televisioni commerciali, ma non
è certamente l'unico visto che il buon Carlo De Benedetti
non è il secondo, e al contempo leader di un partito, ma
questo è un problema stupido perché se fosse questa la
vera questione basterebbe che Silvio nominasse leader una
qualsiasi altra persona, o fare come l'esimio Cavaliere del
Lavoro e Ufficiale della Légion d'Honneur Carlo De
Benedetti che guida senza apparire, e questo senza mutare
quindi di fatto la sostanza, pertanto la questione riamane di
lana caprina. Certamente non controlla il Consiglio di
Amministrazione Rai, visto che la commissione di
Vigilanza Rai nomina molti componenti del consiglio di

amministrazione di viale Mazzini, **nomine politiche** da sempre, o forse la sinistra dimentica i suoi membri? Stranamente l'autore della rubrica di Repubblica "*La parola*" accusando Berlusconi di controllare il Cda della Rai di Stato dimentica di precisare che per rispettare la "*parcellizzazione*" politica l'azienda non segue in toto le regole imposte dal Codice Civile italiano sulle società per azioni: infatti il Consiglio di Amministrazione non è nominato esclusivamente dagli azionisti. Sette consiglieri vengono eletti dalla Commissione parlamentare di vigilanza, due vengono indicati dal Ministero dell'Economia e delle Finanze che è il maggiore azionista della RAI. I membri del Consiglio d'Amministrazione hanno un termine di mandato di tre anni anche se possono essere nominati di nuovo. Tra i consiglieri di sua nomina, il Ministero dell'Economia e delle Finanze indica il Presidente del Consiglio d'Amministrazione. Per insediarsi il Presidente deve ottenere un voto di gradimento da almeno due terzi dei membri della Commissione parlamentare di vigilanza. Il Consiglio d'Amministrazione vota il Direttore Generale, che ha sempre un mandato di tre anni rinnovabile, ed è anch'esso di nomina del Ministro dell'Economia. Lo Statuto societario permette anche la nomina di un eventuale amministratore delegato. In sostanza chi governa mette le mani sulla Rai, e questo ora tocca a Berlusconi, prima è toccato alla sinistra e domani chissà. Il tutto esclusivamente con il fine di controllare la

Rai, quindi non è che Berlusconi controlla la rai, e la Rai che soggiace ai vari padroni che si succedono al governo, che si dividono i vari posti in base ad ripartizioni che seguono le misteriose logiche politiche. Per quanto riguarda gli aspetti giudiziari è interessante che un paese che del garantismo più sfrenato se ne fatto paladino al punto che ha da sempre utilizzato l'espressione *"presunto"* nei confronti dei più efferati terroristi in virtù che prima dovevano essere giudicati. La Costituzione repubblicana, fissa un preciso limite alla nozione di colpevolezza con il principio di presunzione d'innocenza: Art.27.2: *"L'imputato non è considerato colpevole sino alla condanna definitiva"*. Perché questo deve essere applicato ed essere valido per tutti ma a quanto sembra non per Silvio Berlusconi? La presunzione d'innocenza è un principio del diritto penale secondo il quale un imputato è considerato non colpevole sino a condanna definitiva ovvero sino all'esito del terzo grado di giudizio emesso dalla Corte Suprema di Cassazione. L'onere della prova spetta alla pubblica accusa, rappresentata nel processo penale dal pubblico ministero. Non è quindi l'imputato a dover dimostrare la sua innocenza, ma è compito degli accusatori dimostrarne la colpa. Nel diritto penale, l'imputato è innocente fino ad una sentenza di condanna che sia passata in giudicato. Se non si è d'accordo su questi principi bisogna allora cambiarli, ma per tutti però non *ad personam*, non solo contro Berlusconi. Nessuno vuole fare l'avvocato difensore di Silvio, visto che ne ha di bravi, ma si vuole esclusivamente evidenziare che se un principio giuridico incomincia ad essere utilizzato a secondo della persona, incomincio a tremare, ho paura che questo possa essere poi un avvio che per estensione possa colpire tutti, in maniera indiscriminata, a secondo se si và a genio o meno. Di processi farsa purtroppo la storia ne è colma, e le conseguenze di quegli atti hanno condizionato e condizionano molte persone. Basta semplicemente ricordare i processi maoisti o quelli perpetrati in Russia e nei paesi dell'orbita russa, o quelli in sud America e in un passato recente nella Germania nazista.

****

"Chi ha i soldi naviga con vento sicuro"

Petronio Arbitro

La politica si evolve, muta, si trasforma ormai a ritmi frenetici, al punto tale che le classiche definizioni, le classiche ideologie sono ormai oggi divenute vuote di contenuti. Destra, Sinistra: se un tempo rappresentavano o per lo meno dovevano raffigurare posizioni diverse, oggi non assumono più quella rilevanza e la differenza non è più così netta. Nella sinistra v'erano alcune dottrine sincere, figlie dei tempi in cui venivano professate e quindi fornivano risposte pronte, dirette a situazioni particolari e in verità assurde. Se la prima rivoluzione industriale iniziata alla fine del Settecento, riguardò prevalentemente il settore tessile-metallurgico e fu strettamente connessa all'introduzione della macchina a vapore, la seconda rivoluzione industriale, che sia pure in tempi diversi a seconda dei paesi, prese avvio attorno alla metà del secolo XIX, si sviluppò con l'introduzione e l'utilizzo dell'elettricità, dei prodotti chimici e del petrolio. La rivoluzione industriale comportò una profonda ed irreversibile trasformazione che parte dal sistema economico fino a coinvolgere il sistema produttivo nel suo insieme e l'intero sistema sociale. L'apparizione della fabbrica e della macchina modificò i rapporti fra gli attori produttivi. Nasce il capitalista industriale, imprenditore proprietario della fabbrica e dei mezzi di produzione, che mira ad incrementare il profitto della propria attività e conseguentemente si viene a formare la classe operaia che riceve, in cambio del proprio lavoro e del tempo messo a disposizione per il lavoro in fabbrica, un salario. In sostanza dal 1870 in poi, si ebbe in Europa e negli Stati Uniti uno sviluppo tecnologico senza precedenti, che assicurò ai paesi Occidentali la supremazia tecnica in tutto il mondo. La caratteristica che differenziò maggiormente la seconda rivoluzione industriale dalla precedente fu nel fatto che le innovazioni tecnologiche non furono frutto di scoperte occasionali ed individuali, bensì di ricerche specializzate in laboratori scientifici e nelle università finanziate dagli imprenditori e dai governi nazionali per il miglioramento dell'apparato produttivo. Il sistema finanziario, che era alla base dello sviluppo industriale, andò modificandosi: fabbriche e capitali si concentravano nelle mani di poche grandi società a danno delle aziende più piccole e più deboli dando così origine ai primi monopoli. Il 28 settembre 1864 nacque a Londra per iniziativa di Marx la prima Associazione internazionale dei lavoratori dove confluirono varie componenti del movimento operaio caratterizzato da una eterogeneità di ideologie corrispondenti alle diversità del proletariato operaio costituito da una classe operaia impiegata nella fabbrica, ormai ben strutturata, da lavoratori ancora a metà tra l'artigianato e l'operaio industrializzato. Marx tentò di conciliare queste diversità di posizioni indirizzandole su alcuni punti irrinunciabili quali l'autoemancipazione dei lavoratori, il coordinamento internazionale degli operai, la conquista del potere politico ad opera dei proletari. Ma se da una parte v'erano i ricchi, dall'altra i poveri, in mezzo la borghesia, sopra a tutti v'era la chiesa, che non volendo accettare il nuovo corso della storia ancora dettava regole, cosa che comunque fa ancora oggi. Questo comunque è stato, ed è un problema tutto italiano. La presenza del Vaticano è fuor di dubbio una presenza ingombrante, facilitata dalla codardia della classe politica italiana nel non voler risolvere definitivamente la questione. Perfino Mussolini, il dittatore, scese a patti con il Papa. Soltanto Napoleone ebbe il coraggio di opporsi al potere dei papa, arrivando il 6 luglio del 1809 a ordinare al generale Radet di trarre in arresto Papa Pio VII e deportarlo a Savona. Ma si sa di Napoleone c'è ne stato uno solo, purtroppo. Molte delle ideologie della sinistra erano però il frutto della meditazione e della fantasia di filosofi e di poeti che progettavano società perfette, senza però preoccuparsi di stabilire in che misura esse fossero realizzabili. Anche nelle applicazioni avvenute nella storia dei paesi che hanno adottato e adottano tale filosofie il concetto della teoria e della pratica è la vera realtà. Se la teoria prevedeva che tutti i beni dovessero essere messi in comune, in modo da realizzare l'eguaglianza delle fortune tra i membri di una stessa comunità, nella realtà dell'applicazione il concetto non è stato rispettato nella sua intera purezza. L'immagine di una perfetta società comunistica in cui tutti gli uomini fossero uguali nella quale venissero abbattuti tutti i mali della diseguaglianza e dell'ingiustizia sociale, in cui prevalesse la coscienza di fratellanza di solidarietà e di benevolenza nei confronti del prossimo, è rimasta solamente cara a vecchi nostalgici, legati a presupposti giusti ma utopici, in contrasto con la vera essenza umana. Anche il tanto celebrato comunismo non è stato altro che deportazioni, uccisioni di massa: in pratica ricchezza per chi comandava, miseria e povertà per tutti gli altri. I prodromi delle denominazioni *"destra"* e *"sinistra"* delle due parti opposte nell'arena politica nascono in Francia poco prima della Rivoluzione francese. Nel maggio 1789 furono convocati gli Stati generali dal Re di Francia, un'assemblea che doveva rappresentare le tre classi sociali allora istituite: il clero, la nobiltà e il terzo Stato. Quest'ultimo si ordinò all'interno dell'emiciclo con gli esponenti conservatori capeggiati da Pierre Victor de Malouet che presero i posti alla destra del Presidente, i radicali di Honoré Gabriel Riqueti de Mirabeau quelli alla sinistra. Questa divisione si ripresentò anche in seguito, quando si formò l'Assemblea nazionale. La denominazione si consolidò durante l'Assemblea legislativa e la Convenzione Nazionale. Con la

Restaurazione la distinzione si conferma come una caratteristica costante del sistema parlamentare, destinata a durare. Dalla Francia si estese rapidamente a tutta l'Europa. La prima volta che in Italia fece capolino il termine *"destra"* fu in riferimento della Destra storica, che nasce con Cavour, composta principalmente dall'alta borghesia e dai proprietari terrieri e che governò il Paese dall'unità fino al 1876, con la fine del governo Minghetti, portando al risanamento del bilancio dello Stato. Gli successe la sinistra storica, che si sarebbe trasformata nella classe dirigente liberale. Con l'avvio sulla scena politica di socialisti e popolari, si qualificò *"destra"* la stessa ideologia borghese e liberale, a differenza di quella conservatrice, prevalente negli altri paesi. I liberali infatti negli altri paesi furono collocati a sinistra, ma in Italia, a causa del vuoto provocato dall'emarginazione politica dei cattolici contro-rivoluzionari, essi occuparono tutto: destra e sinistra. Il fascismo nel suo complesso fu un movimento in cui confluirono diverse stratificazioni socio-culturali: quella reazionaria, quella socialisteggiante, quella liberale, quella cattolica contro-rivoluzionaria, quella monarchica e quella conservatrice, legate insieme dalla figura carismatica di Mussolini. Il Partito Socialista Italiano venne fondato a Genova, nella sala Sivori, nel 1892, col nome Partito dei Lavoratori Italiani che assunse il nome definitivo nel 1895 e con il quale fu noto fino al 1994. Il Partito Comunista Italiano nacque il 21 gennaio 1921 a

Livorno come Partito Comunista d'Italia (sezione italiana della III Internazionale) per scissione della mozione di sinistra del Partito Socialista Italiano guidata da Amadeo Bordiga e Antonio Gramsci, al XVII Congresso socialista. Assunse il suo nome definitivo il 15 maggio 1943, in seguito allo scioglimento della III Internazionale e mentre ancora operava in clandestinità tra Mosca, Parigi. Per la cronaca è opportuno ricordare che il PCI è stato il più grande partito comunista dell'intero occidente. Ma essendo in Italia la contrapposizione di due sole ideologie non poteva esistere, in quanto il Vaticano non intendeva rimanerne fuori. Così il Partito Popolare Italiano ebbe origine il 18 gennaio 1919, ispirato alla dottrina sociale della Chiesa, fondato da don Luigi Sturzo insieme a Giovanni Bertini, Giovanni Longinotti, Angelo Mauri, Remo Vigorelli e Giulio Rodinò. Il PPI rappresentò per i cattolici italiani il ritorno organizzato alla vita politica attiva dopo lunghi decenni di assenza a causa del "non expedit", una disposizione della Santa Sede con la quale nel 1868, il papa Pio IX dichiarò inaccettabile per i cattolici italiani partecipare alle elezioni politiche dello Stato italiano e, per estensione, alla vita politica italiana. Fu abrogato ufficialmente da Papa Benedetto XV nel 1919. L'ideale proseguimento del PPI lo possiamo trovare nella Democrazia Cristiana, fondata nel 1942 ed attiva sino al 1994. Esponenti democristiani hanno fatto parte di tutti i governi italiani dal 1944 al 1994, esprimendo quasi sempre il presidente del consiglio dei ministri. La DC è stata sempre il primo partito alle consultazioni politiche nazionali cui ha partecipato, con una sola eccezione, nel 1984.

****

*"Non serve a niente scacciare
i nostri demoni: essi fanno parte di noi;
dobbiamo accettarli
e vivere in pace con essi"*

David Herbert Lawrence

La corruzione è, in senso generico, la condotta propria del pubblico ufficiale che riceve, per sé o per altri, denaro od altre utilità che non gli sono dovute. Uno stato nel quale prevale un sistema politico incontrollabilmente corrotto viene definito *"cleptocrazia"*, ovvero *"governo di ladri"* oppure, nel senso più dispregiativo del termine, *"repubblica delle banane"*. Per la sinistra Berlusconi è il corruttore e corrotto per antonomasia. Nel 2007, il quotidiano on-line della Fondazione Magna Carta *"L'Occidentale"*, scriveva a proposito delle Cooperative Rosse e dei suoi rapporti con i potentati locali della sinistra: *"Essa ha creato un sistema di capitalismo di Stato ben localizzato e radicato, un vero e proprio regime capital-comunista, un apparato dove si intrecciano gli interessi, gli affari e l'egemonia politica, ed in cui gli stessi uomini hanno ruoli dirigenti nel PD e nelle Coop, con fatturati plurimiliardari"*. La questione delle cosiddette *"Coop Rosse"* è un vero è proprio scandalo nazionale secondo alcuni rinomati economisti. Le Coop Rosse, rappresentano una minaccia al libero mercato e al pluralismo politico locale, rappresentano il mezzo economico con cui la sinistra riesce a colonizzare da decenni interi territori in questo paese, sono il carburante di quel clientelismo che sottrae al pluralismo politico alcune regioni, province e comuni italiani, territori a *"democrazia locale limitata"*. L'autore del libro *"Falce e Carrello"*, Bernardo Caprotti, dati alla mano, tenta di spiegare lo scandaloso sistema di protezione di cui le Coop godono, tra i quali i privilegi fiscali e, last but not least, il polmone finanziario inesauribile del prestito sociale. Quest'ultimo, scrive Caprotti, è una fonte di finanziamento smisurata che ritrae una vera e propria distorsione nei confronti del sistema fiscale. Precisamente, le Coop funzionano come fossero sportelli bancari, raccolgono i risparmi dei soci, li usano a loro piacimento e distribuiscono interessi che nessun istituto di credito si può permettere. Ciò perché l'imposta sugli interessi non è al 27%, come per i comuni mortali, bensì al 12.5% (L'Occidentale 24-09-2007). Tutto ciò si definisce *"esercizio attivo del credito"*, ovvero pratica vietata alla concorrenza. Questa modalità privilegiata di finanziamento, garantisce alle Coop la gestione di una mole enorme di liquidità senza alcun controllo delle autorità creditizie, ma soprattutto con un trattamento di favore da parte del sistema fiscale. Da questo sistema distorto di dispense legali e fiscali sarebbero arrivati i soldi che sarebbero dovuti servire ad Unipol per comprare la banca BNL, con la benedizione dei vertici DS. Le Coop rosse rappresentano ancora oggi un'anomalia tutta italiana, delle vere e proprie aziende capitalistiche governate strategicamente con l'obiettivo elettorale di garantire l'arricchimento di voti e risorse al Partito Democratico, il quale, a sua volta, non esita a ricambiare tale favore con l'elargizione di privilegi di ogni tipo, legislativi come fiscali. Accade, infatti, sia a livello di politica nazionale che a livello delle classiche *"regioni rosse"*, che la Coop sovvenzioni il partito prima delle elezioni, ed il partito, dopo aver preso il potere, nel momento in cui deve formarsi la giunta locale o il governo nazionale, tra i suoi primi atti vi inserisca il finanziamento delle Coop con il denaro pubblico, il coinvolgimento nei grandi ed appetitosi appalti ed in grandi operazioni definite con accordi internazionali. E' tramite questo meccanismo che in Emilia Romagna le Coop controllano quasi il 70% della grande distribuzione alimentare, in Lombardia nessuna catena arriva al 10%, nella provincia di Modena si supera il 70%, mentre in Liguria hanno il monopolio assoluto degli ipermercati. E sempre tramite questo stesso meccanismo la sinistra da decenni governa indisturbata svariate città e regioni del centro Italia. Il sistema in questione è un chiaro esempio di clientelismo, con i posti di lavoro delle coop gestiti a fini elettorali e del mantenimento del potere. Ma anche se usciamo dalla distribuzione alimentare, le cose non cambiano, e si evidenzia una triste quanto illegale realtà di aggiudicazione di appalti da parte delle Coop. Il legame tra le Coop rosse e la sinistra ha dato vita ad un impero economico fondato sul privilegio e sullo scambio clientelare, con la Legacoop che ha un giro d'affari di 45,7 miliardi di euro l'anno, mentre, per fare un esempio, Mediaset ha un fatturato annuo pari a 3 miliardi di euro, e paga le tasse. In merito alla questione và anche ricordato lo scandalo Coopservice, la coop di Reggio Emilia specializzata in servizi alle imprese che organizzò un giro di azioni tramite una finanziaria lussemburghese e costituì nel Granducato un tesoretto di 36 milioni di euro destinato ai vertici aziendali, con tanti saluti allo scopo mutualistico e non speculativo delle coop. La cooperativa di Reggio Emilia aveva generato nella quotazione in borsa della controllata Servizi Italia una plusvalenza di 36,4 milioni di euro: una somma che si erano spartiti 300 soggetti, tra cui presidente e vicepresidente della stessa Coopservice. A far da perno allo svolgersi dell'operazione, la società lussemburghese First Service Holding (Fsh), una finanziaria creata nel dicembre 2004 e di cui i 300 erano soci: una scatola in cui Coopservice aveva parcheggiato 5 milioni di azioni di Servizi Italia, il 40%, al prezzo unitario di 1,149 euro. Lo scandalo produsse un rapporto della Guardia di finanza che faceva 46 nomi, ma il procuratore capo di Reggio indagò soltanto i due personaggi di vertice. Lo scandalo però fu chiuso con una richiesta di archiviazione del pm per i due indagati. *"Si può parlare di insider trading solo se le società è già stata ammessa alla quotazione in Borsa"*, fu la giustificazione.

****

"Prendi posizione. La neutralità favorisce
sempre l'oppressore, non la vittima.
Il silenzio incoraggia
sempre il torturatore non il torturato"

Elie Wiesel

Una cordata di imprenditori vicini a D'Alema scippano un affare d'oro a Di Caterina. Che allora litiga con Penati e chiede indietro i soldi che ha già pagato. Ecco come nasce l'indagine sulle tangenti rosse. Una vicenda che ovviamente non avendo coinvolto Silvio Berlusconi è stata ospitata poco in tutti, o quasi, gli organi di stampa. Chi ha riassunto molto bene la questione è Filippo Facci, il quale il 18 febbraio del 2012 scriveva:

"Il 1° marzo 1993, in teoria, anche il Pds nazionale era entrato seriamente in Tangentopoli: Primo Greganti, un ex funzionario comunista di Torino era sospettato d'aver raccolto una tangente di 621 milioni per il Pds e di averla nascosta in un conto svizzero chiamato Gabbietta. Greganti sosterrà di aver preso i soldi per sé e non per il partito. L'ex segretario amministrativo del Pds, Marcello Stefanini, sarà inquisito lo stesso: ma la sua morte prematura coinciderà con quella di molti filoni sui

finanziamenti al Pds, come non era accaduto per il Psi con la morte del segretario amministrativo Vincenzo Balzamo. Dirà Greganti *"Quando ho incontrato Di Pietro, e ho scoperto che aveva mandato i poliziotti ad arrestarmi a casa prima dell'alba, non ho avuto più dubbi. Mi voleva catturare nel sonno. Solo che io non c'ero. Avevo dormito fuori. Dove abito io c'era mezzo metro di neve. E i poliziotti sono rimasti pure impantanati. Io e Di Pietro avevamo un appuntamento, era da quindici giorni che gli chiedevo di ricevermi. Finalmente ci accordiamo per le 11 al Palazzo di Giustizia e lui che fa? Mi manda i poliziotti alle quattro del mattino a casa per arrestarmi. Hai capito che metodi?"* Il Pool di Milano intanto si era ampliato: nella primavera del 1993 era arrivato il trentaduenne Paolo Ielo e Di Pietro avrebbe gradito anche l'inserimento del pm Gemma Gualdi, sua amica da molti anni, ma Borrelli le preferì infine un'altra collega, Tiziana Parenti, subito destinata al filone delle cosiddette "tangenti rosse". Le incomprensioni e i problemi caratteriali ebbero la meglio praticamente da subito, sia per il temperamento particolarmente orgoglioso di lei sia perché Di Pietro, come diceva Ielo, "vuole fare il prete, il sacrestano e anche il chierichetto". Ha raccontato il pidiessino Giovanni Pellegrino: "All'inizio D'Alema era convinto che Violante, con la sua influenza nella magistratura, potesse proteggerci sufficientemente dall'azione dei giudici. Poi Tiziana Parenti cominciò a *prendere di mira le fonti finanziarie del Pci-Pds e del sistema di imprese che ruotavano intorno al partito, arrestando Renato Pollini, che del Pci era stato l'ultimo tesoriere. In tal modo la situazione si fece pesante anche per il Pds". Nella primissima fase di Mani pulite il Pds non venne per nulla risparmiato. Le indagini rasero al suolo la federazione milanese, consiglieri, assessori, segretari. Il filone rosso parve decollare quando il manager Lorenzo Panzavolta raccontò che a Tangentopoli già scoppiata aveva versato altri 621 milioni al Pds sempre a mezzo Greganti: di lì in poi le chiamate in correità cominciarono a piovere da tutte le parti, e parlarono gli imprenditori Bruno Binasco, Giuseppe Squillaci, Paolo Pizzarotti oltre a Maurizio Prada e all'ex tesoriere milanese Luigi Mijno Carnevale. Quest'ultimo, a pagina tre del suo verbale d'interrogatorio, chiamò in causa molto chiaramente "Occhetto e D'Alema, naturalmente d'accordo con la segretaria amministrativa diretta dall'onorevole Stefanini". Arrestarono anche Marco Fredda, il responsabile immobiliare del Pds. Ma le voci su avvisi di garanzia per Occhetto e D'Alema rimasero tali. Il dissidio definitivo sarà del 24 agosto, quando Tiziana Parenti decise di inviare un'informazione di garanzia al segretario amministrativo del Pds Marcello Stefanini senza neppure avvertire i colleghi: le iscrizioni, sino ad allora, le aveva sempre vergate personalmente Di Pietro. Marcello Stefanini era un senatore, e questo* significava avere un solo mese di tempo per motivare la richiesta di autorizzazione a procedere. il Pool temeva che la collega non avesse abbastanza elementi per poterla ottenere. E mentre i vertici della Quercia denunciavano una "strategia della tensione", ecco che il procuratore aggiunto Gerardo D'Ambrosio, che di solito non muoveva un dito, condusse una sua personale indagine non per incolpare bensì per scagionare Primo Greganti: si era collegato con l'anagrafe tributaria e aveva concluso che neanche una lira era giunta al Pds. Il 29 ottobre 1991, nel giorno in cui Greganti prelevava una consistente somma a Lugano, spiegò, lo stesso firmava anche il rogito per comprare una casa, ecco dunque a prova che quei soldi non erano finiti a Botteghe Oscure. Il caso era chiuso, anzi no: il gip Ghitti avrebbe voluto vederci chiaro e dapprima negò l'archiviazione. Ma perse la battaglia. Tra pubbliche litigate e qualche chiacchierata di troppo coi giornalisti, in autunno l'inchiesta verrà ufficialmente tolta a Tiziana Parenti in quanto "non allineata con la procura" dirà Gerardo D'Ambrosio prima di aggiungere: "Questo non è il processo al Pds, ma a Greganti e Stefanini". D'Ambrosio è lo stesso personaggio che nel maggio precedente aveva dichiarato all' "Unità": "Mani pulite è finita ... nel senso che ciò che doveva emergere nel filone politico-affaristico è venuto fuor". Sul settimanale "L'Europeo" era stato ancora più chiaro: "Lo scenario è nitido, Dc e Psi si finanziavano attraverso meccanismi *illeciti ... c'è stata la fase dello stragismo ... poi è venuta l'epoca della corruzione". D'Ambrosio, anni dopo, una volta lasciata la magistratura, si candiderà come senatore nel Pds, frattanto divenuto Ds. Quando il Pool si mosse, insomma, la stampa già pensava ad altro. Le carte dimostravano come il Pds si finanziò in maniera illecita, e da altrettante sentenze si evinceva che nel Pci-Pds, più che per altri partiti, la raccolta di fondi risultava periferizzata, parcellizzata e soprattutto spersonalizzata. I nomi dei percettori finali non comparivano quasi mai. Il Pds poteva contare sul mitico sistema cooperativo, ma casi moralmente riprovevoli come quelli emersi in Campania, commistioni coop-camorra nell'aggiudicazione degli appalti, non fecero notizia più di tanto, mentre non si poteva negare che una scelta oculata di uomini di fiducia, cui intestare interi patrimoni immobiliari, fu premiata da comportamenti processuali poco solleticabili dal carcere. Il magistrato Francesco Misiani la mise così: "So perfettamente che se avessi insistito, forse, prima o poi, sarei riuscito a dimostrare in un'aula di tribunale che il Pci non era estraneo al circuito di finanziamento illecito ... non lo feci, consapevole anche del fatto che la resistenza anche a lunghi periodi di detenzione, dimostrata dagli indagati, forniva anche un ineccepibile dato formale in grado di chiudere le inchieste". Questo mentre Italo Ghitti, il gip di Mani pulite, in un'intervista rilasciata nel 2002 al "Corriere della Sera", ammetteva che il Pds* aveva un apparato di finanziamento illecito non meno vorace: "La storia di Mani pulite non ha esaurito e non esaurisce la storia: qualcuno si sarà anche potuto salvare da accuse di corruzione, ma magari ha dovuto lasciare la sede di partito, vendere il giornale, chiudere l'azienda ... il tempo ha evidenziato come, al di là dei fatti penalmente rilevanti, vi fossero realtà che adottavano praticamente lo stesso metodo dei partiti più coinvolti". Ha raccontato il democristiano ed ex presidente del Consiglio Arnaldo Forlani: "Quando queste fonti si sono prosciugate hanno chiuso e poi riciclato l'Unità, hanno venduto la sede delle Botteghe Oscure, molte di quelle provinciali e di sezione, e infine hanno licenziato centinaia di dipendenti. Avevamo calcolato che spendevano più di tutti gli altri partiti messi insieme. L'autofinanziamento copriva sì e no un terzo dei costi. C'è una documentazione con alcuni dati: cinquemila funzionari tra federazioni provinciali e organismi collaterali, centinaia di dattilografe e autisti, un migliaio tra giornalisti e tipografi, oltre quattrocento addetti solo alla sede centrale". Il filone legato all'energia indica chiaramente che la spartizione a livello nazionale era fra tutti i partiti. Il manager Lorenzo Panzavolta parlò di tre tangenti di 1 miliardo e 242 milioni ciascuna a Dc, Psi e Pci: l'1,6 per cento sulle commesse assegnate al gruppo Ferruzzi. Spiegò che un tempo il Pci si limitava a pretendere che una quota degli appalti fosse assegnata alle cooperative rosse, ma dal 1986 il Consorzio *cooperative costruzioni di Bologna puntò ad allargare il proprio mercato: sicché il pidiessino Giambattista Zorzoli entrò nel consiglio d'amministrazione dell'Enel e Panzavolta versò 1 miliardo e 246 milioni sui conti svizzeri di Greganti. Quest'ultimo sarà condannato a 3 anni e Zorzoli a 4 anni e 3 mesi per corruzione e finanziamento illecito al partito: "Le somme" recita la sentenza "non sono state incassate da Greganti per prestazioni personali bensì vanno collegate a un'intermediazione fiduciaria posta in essere da quest'ultimo a vantaggio del Pci". Per gli appalti legati alla costruzione di impianti di desolforizzazione, in particolare, occorreva una nuova legge e serviva che il Pci assicurasse almeno il numero legale in Parlamento. Raccontò ancora Panzavolta: "Dissi a Greganti: se lei può dire ai suoi parlamentari ... Allora Greganti si adoperò e difatti la legge venne poi approvata, perché il numero c'era. Il Partito comunista votò contro questa disposizione, però era sufficiente la loro presenza per farla passare. E Greganti venne da me e disse: "Vede che io conto, vede che riesco a ottenere queste cose". I giudici della VII sezione del Tribunale di Milano, nel luglio 1996, spiegarono che "a livello di federazione milanese, l'intero partito, e non solo alcune sue componenti interne, venne coinvolto direttamente nel sistema degli appalti per la Metropolitana Milanese ... Da circa il 1987 l'allora Pci fu inserito nel novero dei partiti politici che partecipavano*

alla spartizione delle tangenti provenienti dalle imprese".
L'accordo era a tal punto consolidato che il segretario
amministrativo della Dc, Maurizio Prada, fungeva spesso
da cassiere unico e smistava il denaro ai segretari
amministrativi degli altri partiti, nessuno escluso: "Risulta
dunque pacifico che il Pci-Pds, dal 1987 sino al febbraio
1992" spiega ancora la sentenza "ricevette, quale
percentuale del 18,75 per cento sul totale delle tangenti,
una somma non inferiore ai tre miliardi". Raccolti dal
collettore Sergio Eolo Soave prima e dal sostituto Luigi
Mijno Carnevale poi, nella divisione delle tangenti si
passerà alla regola dei tre terzi: due terzi alla corrente
occhettiana e un terzo alla corrente migliorista. Si tratta di
situazioni definite che continuano a restare misconosciute
rispetto a situazioni non definite ma di più forte carica
simbolica: a distanza di anni, per esempio, si discute
ancora del miliardo di lire che Raul Gardini pagò al Pci
per l'affare Enimont, versamento assodato per il quale il
socialista Sergio Cusani fu anche condannato in primo
grado. È anche vero che i retroscena di quel miliardo
vennero trasmessi per televisione al processo Cusani,
questo in un periodo in cui un coinvolgimento del Pci-Pds
in Mani pulite l'avrebbe probabilmente trascinato nello
stesso baratro in cui giacevano altri partiti storici. La
storia è sempre quella: nel 1994 l'ex uomo di fiducia di
Gardini, Leo Porcari, confermò ad Antonio Di Pietro di
aver accompagnato il suo principale in via delle Botteghe

Oscure perché incontrasse Massimo D'Alema e Achille Occhetto. Nella sentenza del 28 aprile 1994 si apprende di almeno tre incontri di Raul Gardini coi succitati. La testimonianza di Porcari convergeva con quella di Carlo Sama: l'ex amministratore di Montedison, infatti, aveva riferito a Di Pietro di un colloquio avuto con Sergio Cusani dove quest'ultimo raccontava che Raul Gardini "gli aveva detto di aver passato 1 miliardo tondo al Partito comunista, ad Achille Occhetto in persona, per ottenere un appoggio per la defiscalizzazione degli oneri gravanti su Enimont". Non bastasse, Pino Berlini, uomo Ferruzzi a Losanna, aveva confermato la movimentazione del miliardo, mentre Sergio Cusani, sempre secondo Carlo Sama, avrebbe usato un aereo privato della Montedison per portare il miliardo da Milano a Ravenna e poi da Ravenna a Roma. L'audizione di Occhetto e D'Alema fu tuttavia negata dal tribunale, che pure, nella sentenza, scrisse: "Gardini si è recato di persona nella sede del Pci portando con sé 1 miliardo di lire. Il destinatario non era quindi semplicemente una persona, ma quella forza di opposizione che aveva la possibilità di risolvere il grosso problema che assillava Enimont e il fatto così accertato è stato dunque esattamente qualificato come illecito finanziamento di un partito politico". Nel processo d'appello, Cusani fu condannato a 6 anni , due in meno del primo grado, ma l'episodio venne stralciato. Riportare tutti i processati e i condannati delle inchieste sulle coop rosse, ancora e infine, è impresa impossibile: basti che hanno proceduto le Procure di Milano, Brescia, Torino, Venezia, Bologna, Reggio Emilia, Modena, Ravenna, Ferrara, Firenze, Grosseto, Arezzo, Roma, Frosinone, Napoli, Lecce, Palermo, Catania e Caltanissetta. Per non parlare dell'indagine veneziana di Carlo Nordio che con centinaia di imputati ha assorbito i procedimenti di Milano, Torino e Roma. Moltissime le condanne, nessuna o quasi di peso politico. Qualche incomprensione diplomatica, a margine dell'inchiesta di Nordio, a metà degli anni Novanta, rischiò di alimentare i dubbi di chi sosteneva e sostiene che il Pool di Milano abbia trascurato la sinistra. Ha raccontato Carlo Nordio: "La Procura di Milano mi mandò una serie di verbali anche molto importanti dai quali emergeva ... tutta una serie di finanziamenti fatti al Pci-Pds. Ricordo che furono inviati i verbali di un tale Carnevale. Dopo accadde un fatto anomalo. ... arrivò a Venezia un plico anonimo con la fotocopia di un verbale di questo Carnevale, dove si faceva il nome dell'on. D'Alema, e questo verbale non mi era stato mandato. Allora chiesi alla Procura di Milano: "Questo verbale esiste?". In un primo tempo mi dissero che non lo sapevano, ... che loro avevano mandato tutto quello che avevano... Allora fecero delle ricerche e lo trovarono ... Io ritenni il fatto singolare". Non meno singolare un altro episodio sempre raccontato da Nordio. La Procura di Milano, nel 1993, aveva già interrogato il *futuro teste chiave dell'inchiesta veneziana, Agostino Borello, amministratore di una cooperativa piemontese che aveva raccontato una serie di finanziamenti occulti a margine dei quali, in forma di ringraziamento, si registrava la regolare presenza alle riunioni di D'Alema e di Craxi. Nordio, perciò, nella primavera del 1995, tornò a Milano per ascoltare questo Borello: "Lo interrogai presso la sede della Guardia di Finanza. ... Vedendo che esisteva una direttiva della Procura di Milano della fine del 1993 che demandava alla Guardia di Finanza l'onere di riscontrare le dichiarazioni di Borello, chiesi agli ufficiali ... : "Cosa avete risposto a questa direttiva? ... L'avete riscontrato o meno?", e mi fu detto che non avevano ancora risposto. Al che io dissi: "Avete una direttiva della Procura di Milano di fine 1993 e un anno e mezzo dopo non c'è risposta?"». Mi fu detto: "C'è stato tanto da fare".*

Note:
1) Il costruttore Bruno Binasco (Itinera, autostrade) raccontò di 400 milioni dati a Greganti per il Pds e in particolare citò una riunione del 1989 convocata dal senatore Lucio Libertini in via delle Botteghe Oscure. C'erano i massimi costruttori italiani. Si era alla vigilia del varo di grandi opere, tra le quali nuovi tratti autostradali e appunto l'Alta Velocità ferroviaria: e il Pds aveva aderito senza riserve, è nero su bianco. Il

costruttore Marcellino Gavio confermerà che Greganti incassò denaro per tener buono il partito, e il compagno G. peraltro non negò di averlo ricevuto come funzionario del Pci: ma addusse a giustificazione una complicata operazione immobiliare poi smontata dai giudici. Gavio motiverà l'elargizione "in previsione del fatto che in quel momento venivano stanziati i finanziamenti per le opere pubbliche che il partito era impegnato a sostenere». Greganti e Binasco sono stati condannati per finanziamento illecito al Pds (rispettivamente a 5 mesi e a 1 anno e 2 mesi) e dalla sentenza si apprende che "era la volontà non del Greganti, ma del Pds, e che tale richiesta egli faceva espressamente in nome e per conto del tesoriere nazionale Stefanini". Circa la posizione di Massimo D'Alema, il cassiere socialista Bartolomeo De Toma raccontò: "Balzamo mi riferì di una riunione sull'Alta Velocità dove si discuteva di una ripartizione dei lavori tra le varie imprese che poi avrebbero erogato finanziamenti illeciti. In quell'occasione Balzamo mi disse che, pur essendo Stefanini il segretario amministrativo, tutte le questioni riguardanti il finanziamento erano coordinate dall'allora vicesegretario Massimo D'Alema". Marcello Stefanini e Vincenzo Balzamo non poterono confermare né smentire, essendo morti.

2) Sempre a proposito della posizione di Massimo D'Alema, l'europarlamentare diessino Cesare De Piccoli, capo dei dalemiani a Venezia, nel 1993 fu beneficiario di

mazzette Fiat. Il manager Ugo Montevecchi infatti aveva confessato al Pool di Milano: "Mi fu fatto presente che bisognava dare una mano al Pci e significativamente alla corrente veneta di D'Alema». E partirono 200 milioni elargiti al Pds nel maggio e nel giugno 1992 (in piena Mani pulite) poi versati su conti svizzeri. I reati andarono in prescrizione nel febbraio 2000. Due mesi dopo Cesare De Piccoli divenne sottosegretario all'Industria nel secondo governo Amato e in seguito passò all'ufficio economico del partito. Per altra indagine, poi, fu appurato che Massimo D'Alema nel 1985 incassò circa 20 milioni illeciti da Francesco Cavallari, re delle cliniche baresi e definito "facente parte di un'associazione di tipo mafioso" dalla Procura antimafia di Bari. Il reato, peraltro non negato da D'Alema, è caduto in prescrizione perché confessato solo nel 1994, un anno dopo la scadenza dei termini.

3) A proposito di Piero Fassino e dell'indagine sull'immenso centro commerciale "Le gru» di Grugliasco, in provincia di Torino, non fu trovato alcun riscontro circa il particolareggiato ma solitario racconto fornito alla procura da Antonio Crivelli, ex capogruppo del Pci: "La linea del partito era che il centro andava costruito a ogni costo: la nostra sensazione era che la decisione fosse stata già presa in altra sede, e cioè in sede di segreterie di partiti a livello provinciale e nazionale ... Avevo saputo che Fassino si era recato a Parigi sotto la Tour Eiffel per ritirare una borsa con del denaro, in relazione alla vicenda delle Gru". Furono appurate tangenti a due sindaci comunisti, ma nessuno confermerà mai il racconto di Crivelli, e tantomeno lo farà Fassino, sentito come testimone per la sua curiosa funzione di garante politico per la costruzione di un centro commerciale.

4) L'immensa inchiesta veneziana condotta da Carlo Nordio, che pure archiviò le posizioni di Occhetto, D'Alema e Craxi, accertò centinaia di responsabilità e più in generale la falsità dei bilanci, l'occultamento regolare di beni, il legame finanziario col Pci-Pds nonché "la partecipazione della segreteria nazionale alla gestione economica delle risorse e in particolare dei finanziamenti pervenuti in modo anomalo e clandestino», e soprattutto la condiscendenza di svariati "signor G" oltreché la disponibilità del partito di un immenso patrimonio immobiliare gestito da prestanome e derivante da contributi clandestini. Nell'archiviare l'indagato Massimo D'Alema, la Procura di Reggio Emilia ha dovuto prendere atto che il presidente di una cooperativa rossa che aveva fatto versamenti illeciti al Pci, Nino Tagliavini, "dichiara di aver preso parte, nel febbraio 1992, con molti altri presidenti di cooperative, a una riunione nel corso della quale il D'Alema avrebbe ricordato agli intervenuti gli oneri economici che il partito doveva sopportare, dicendo loro che lo Stefanini li avrebbe chiamati. Sarebbe stato così che, sollecitato a un incontro, Tagliavini avrebbe versato 370 milioni". Una delle migliori descrizioni di come funzionasse il rapporto tra partito e cooperative resta quella di Giovanni Donigaglia, presidente della Coopcostruttori di Argenta (Ferrara) e ovviamente comunista di ferro. Durante Tangentopoli, inquisito a Verona, Milano e Napoli, collezionò un numero impressionante di arresti e la racconterà così: "Nelle commesse pubbliche era riservata una quota di appalto alle cooperative vicine al Pci, che ha sempre richiesto e voluto che una parte degli appalti fosse riservata alle imprese ideologicamente vicine alle sue posizioni ... Ogni volta che c'è un appalto pubblico in cui si deve formare un raggruppamento di imprese e in cui deve essere previsto l'inserimento di una cooperativa, io mi rivolgo al Consorzio cooperative di costruzione per avere ordini, poi è il Consorzio che decide come distribuire ogni appalto tra le cooperative. Periodicamente venivamo informati dai funzionari circa le richieste economiche del partito». Fra questi funzionari c'erano Primo Greganti, Renato Pollini e Marcello Stefanini. Ecco come il denaro arrivava a destinazione: "Pubblicità sui giornali del Pci-Pds, contributi alle Feste dell'Unità, spese per manutenzione di sedi, assunzione di operai e personale su richiesta di esponenti del partito, contribuzioni a manifestazioni e convegni".

5) La Procura di Torino indagò sulla Eumit (Euro Union Metal Italiana Torino) Intereurotrade e cioè su una

società che promuoveva import-export di acciai con i paesi comunisti. Un classico del Pci vecchia maniera: la società era stata fondata nel 1974 dal Partito comunista e da una banca della Germania Est, la Deutsche Handelsbank, ovviamente sotto l'occhio attento del servizio segreto Stasi. Poi il fascicolo confluì a Milano e in mille altri rivoli: con ciò divenendo un dedalo di cui si è sempre scritto e capito poco, complice la spaventosa difficoltà di raccogliere documentazioni oltrecortina; senza contare che una banca austriaca, in particolare, non ha mai risposto alle rogatorie chieste dalla Procura di Milano, e questo senza che il Pool scatenasse il finimondo. Non si tratta di cifre da poco, ma di qualcosa come 16 miliardi di lire che sono passati dalla Eumit al Pci tra il 1983 e il 1989, estero su estero: i reati prospettati furono frode fiscale, bancarotta fraudolenta e finanziamento illecito al partito; gli indagati furono Achille Occhetto, Renato Pollini e Marcello Stefanini. Un prestanome del caso, certo Brenno Ramazzotti, ex funzionario del Pci, faceva la parte del Greganti di turno. Ma è ancora e direttamente il Greganti autentico, sorta di prezzemolo del finanziamento illecito pidiessino, a spuntare nel tardo 1993: sul suo celebre conto svizzero Gabbietta nel 1990 era transitato infatti 1 miliardo di lire (frutto della vendita della quota di Eumit appartenente al Pci, quell'anno ceduta interamente alla Deutsche Handelsbank), che poi aveva fatto un giro contorto ed era andato a ripianare i *conti della Ecolibri, una casa editrice amministrata da Paola Occhetto, sorella di Achille. In pratica: "Realmente vi furono illecite erogazioni da Eumit al Pci, il cui segretario era allora l'on. Achille Occhetto, e i segretari responsabili [tesorieri] erano allora sia Stefanini sia Pollini. Tanto è attestato dalla logica, dal riscontro documentale, dalle univoche risultanze della rogatoria in ambito della Ddr". La Eumit era una società autentica che faceva profitti autentici, beninteso, ma sino al 1989, ossia sino al crollo della cortina di ferro, rappresentava una sorta di passaggio obbligato per tutte le imprese italiane che volevano fare affari con l'Est: bisognava passare di lì e pagare una commessa, una tangente, un pizzo che poi finiva al partito. Tutto questo è appurato nelle sentenze, al pari della sussistenza di un finanziamento illecito che tuttavia "cessò prima della fine del 1989, data in cui la funzione di illecito strumento di erogazione della ricchezza di Eumit venne meno; senza contare la citata amnistia che vi fu nello stesso anno. Nella sentenza di archiviazione dell'estate del 2000, dunque, non si ravvisano i reati di falso in bilancio e bancarotta, ma per tutto il resto (corruzione, finanziamento illecito, reati fiscali) intervennero la prescrizione e l'amnistia".*

****

"Chi comanda ha da dar conto"

Giovanni Verga

Della vita di Silvio Berlusconi e delle cose sue sappiamo tutto. Ma quanti conoscono Ugo Sposetti? La scheda presente sul sito del parlamento sinteticamente riporta: sen. Ugo Sposetti, Parlamento italiano Senato della Repubblica, Luogo nascita Tolentino (MC), Data nascita 21 gennaio 1947, Titolo di studio Diploma superiore, Professione Funzionario di Partito, Partito PCI, PDS, Legislatura X, XI Legislatura. Sposetti, nel 1969, a 22 anni inizia a lavorare come ferroviere, a 29 anni viene eletto segretario della federazione di Viterbo del Partito Comunista Italiano, a 31 anni viene eletto Presidente della Provincia di Viterbo. Terminata l'amministrazione nel 1983 passò al ruolo di vicepresidente sempre della Provincia di Viterbo e contemporaneamente divenne Presidente della Centro Merci s.p.a. A 40 viene eletto per la prima volta al Senato della Repubblica, venendo poi confermato nel 1992 nella XI legislatura, che durò fino al 1994. Nel 1995 si candida come Sindaco alle elezioni comunali di Bassano in Teverina (VT) vincendole, per poi essere riconfermato nella successiva amministrazione. Dal 1996 al 2001 ha fatto parte della Segreteria tecnica del Ministro delle

Finanze Vincenzo Visco. Con la nascita del Governo Berlusconi II ha dovuto lasciare l'incarico, andando però a ricoprire quello di tesoriere dei Democratici di Sinistra. Una fulgida carriera. Da oscuro ferroviere, lavora per circa 9 anni, e poi tutta politica fino ad arrivare ad essere addirittura il tesoriere dei Democratici di Sinistra. Il 21 aprile 2006 nella circoscrizione XVI (Lazio 2) è stato eletto Deputato della Camera nelle liste dell'Ulivo, confermato poi alle elezioni politiche del 2008, nella lista per la circoscrizione Lazio 2 del Partito Democratico. Secondo i dati pubblicati annualmente dalla Camera dei Deputati, dall'inizio della Legislatura al 31 dicembre 2010, Ugo Sposetti registra percentuali di partecipazione al voto pari al 69,1%, risultando così al 64° posto tra deputati meno presenti in Aula. Nel 2008 è inoltre candidato a Sindaco del Comune di Viterbo per una lista sostenuta dal Partito Democratico, sconfitto al ballottaggio con il 38% dei voti. Da tesoriere dei Democratici di Sinistra è stato al centro di alcune critiche per essersi dichiarato favorevole al ripristino del finanziamento pubblico ai partiti, sostenendo che la negazione di risorse finanziarie ai partiti equivalga a colpire la democrazia e la libertà dei partiti stessi di poter fare politica. Anche dopo lo scioglimento dei DS, ha continuato a proporre finanziamenti pubblici ai partiti: nel 2011 propone una legge volta a raddoppiare i rimborsi elettorali ai partiti; la proposta viene perfino disconosciuta dal suo stesso partito. Nel 2005 fu al centro di aspre polemiche per il caso Consorte Unipol-BNL. Il giornalista Gad Lerner ne chiese le dimissioni affermando che *"non poteva non conoscere le fantasmagoriche plusvalenze di Consorte e che in qualità di Tesoriere Nazionale dei Democratici di Sinistra non poteva non sapere degli intercorsi tra il suo partito e Consorte"*. Ma avendo avuto la sfortuna di aver lavorato addirittura per quasi 9 anni, giustamente reputa di proporre anche una legge per *"rimborsi elettorali anche alle fondazioni politico/culturali"*. La proposta presentata alla Camera è stata stranamente respinta. Esistono 55 fondazioni, che fanno capo al Pd, costituite in tutt'Italia, e gestiscono circa 2.400 immobili: un patrimonio di almeno mezzo miliardo di euro. Tutto ciò grazie a Sposetti, ex tesoriere, ex lavoratore per 9 anni. Hanno tutte nomi distinti ed evocativi: Centofiori, L'Approdo, L'Arca, e alcune di queste fondazioni sono però già diventate delle matrioske: al loro interno ci sono società immobiliari e pubblicitarie, di ristorazione ed eventi. Antonio Rossitto di Panorama che si è imbattuto in questo sistema di scatole cinesi seguendo le tracce dell' "affare Falck", l'inchiesta penale che ha travolto l'ex presidente della Provincia di Milano, Filippo Penati, scrive *"Orme che da Sesto San Giovanni portano a Modena passando attraverso la storia politica, amministrativa e imprenditoriale dell'ex sindaco pidiessino di Sassuolo, Gian Paolo Salami: indagato, assieme al socio siciliano Francesco Agnello, per* "concorso in concussione". La procura di Monza ritiene abbia ricevuto dubbie consulenze. Presunte tangenti che, ha raccontato l'imprenditore Luca Pasini ai pm, "dovevano servire a garantire la parte romana del partito": più di 2,4 milioni di euro incassati tra l'aprile e il dicembre 2002 da due società di sua proprietà, la Aesse e la Fingest. Nello stesso periodo Salami guidava il consiglio d'amministrazione della Cooperativa immobiliare modenese (Cim) che, a marzo del 2003, versa ai Ds di Modena 2,1 milioni di euro per comprare il 13 per cento di un'altra "azienda di partito": la Società immobiliare modenese (Sim). Partecipazione che l'anno seguente viene però svalutata quasi del 40 per cento. Fra presunta tangente e pagamento ai Ds non c'è per adesso alcun collegamento. Dopo l'inchiesta di Panorama, la Cim ha cercato di chiarire che quella quota è stata acquistata grazie a un mutuo e qualche dismissione. Il che non scalfisce il cuore del problema: il "compagno S" muoveva contestualmente milioni di euro. Per sé, prima di tutto, ma anche a favore del partito, in nome e per conto del quale sedeva in due cooperative e in una srl. La Sim, acquistata da Salami per conto della Cim, è però solo una delle 31 società che fanno capo alle fondazioni del Pd. Un numero calcolato per difetto, vista la scarsa nitidezza su cui è improntato il sistema: aziende che non gestiscono solo appartamenti donati dai simpatizzanti, affittando scantinati ai circoli Arci e alle sezioni di remoti paesini.

Ma fiutano, acquistano, diversificano. In questo sistema di matrioske, una società dentro l'altra, bambolina dopo bambolina, si nasconde il sistema di affari su cui vive e vegeta la periferia del Pd. Centinaia di appartamenti, palazzi, terreni, quote strategiche: una girandola di attività che ogni anno macina milioni di utili. Lo schema è sempre lo stesso: la federazione provinciale controlla una fondazione. Nella "pancia" della fondazione c'è spesso una società immobiliare, che a sua volta può avere partecipazioni in ulteriori aziende. Un sistema di scatole cinesi che ha come denominatore comune la costante presenza di amministratori del partito, magari gli stessi tesorieri provinciali. Funzionari di lungo corso, spesso ex politici, che fanno fruttare il tesoro degli ex diessini. Persone di assoluta fiducia. Come lo era Salami: l' "uomo ombra del Pd" nell'affare Falck. La prima matrioska coincide quindi con il sistema delle fondazioni. Una delle più attive è proprio la Modena 2007 guidata da Onelio Prandini, ex senatore del Pci ed ex presidente della potente Legacoop. Questa fondazione "non ha scopo di lucro: sue finalità sono la promozione di attività volte allo studio, alla ricerca, alla formazione, all'innovazione della politica". Basta però scoperchiare la prima bambolina per mitigare la nobiltà d'intenti. La Modena 2007 è l'azionista di maggioranza della Sim, che possiede circa 80 fabbricati in tutta la provincia: l'ultimo anno ha segnato un attivo di 5,5 milioni di euro e ricavi per 229 mila euro. Il resto delle *quote della società, il 22,3 per cento, è in mano appunto alla Cim: la cooperativa in cui Salami è stato consigliere dal 1991 al 2000, e poi presidente fino al 2003. Partito, fondazione, Sim e Cim hanno sede allo stesso indirizzo: via Divisione Acqui 129. Per non lasciare dubbi sulla perfetta osmosi tra affari e politica. La Sim, a sua volta, ha partecipazioni in quattro società: la Tenso Modena, l'Immobiliare Manzolino, la Pielleffe, ora in liquidazione, e la Cescon, il centro servizi della Confesercenti. Ogni consiglio d'amministrazione è, in genere, imbottito di uomini di partito. Per dirne una: il presidente della Tenso, che si occupa di allestire feste, è l'ex tesoriere dei Ds di Modena, Gian Luigi Giordani. Ma dal luglio 1991 al giugno 1992 Salami è stato consigliere anche di questa srl, che allestiva le feste dell'Unità. Dopo la carriera politica nel Pci che lo porta a diventare segretario cittadino, assessore, vicesindaco e infine sindaco di Sassuolo dal 1989 al 1990, il compagno S. si dedica infatti all'amministrazione della "roba" del Pds modenese. Nell'estate del 1991 diventa amministratore della Tenso e di altre due aziende "di partito". Dal giugno 1991 all'aprile 1993 è presidente della Cooperativa Colira. Mentre a maggio del 1991 entra nel cda della Cim, che poi guiderà fino al giugno 2003: due mesi dopo avere formalizzato l'acquisto di una parte della Sim. Oltre alla Tenso, la Sim ha poi una piccola quota in una società della Confesercenti. Mentre è dell'anno scorso l'ultima* acquisizione: la Manzolino. Fabbricati, servizi, fiere: la Sim sembra quindi una piccola holding. Vocazione confermata da una sua altra partecipata: la Pielleffe, che si occupa di pubblicità. Società in cui si incrociano gli interessi del Pd modenese e di Reggio Emilia, storico fortilizio del partito. L'altro socio della Pielleffe è infatti la Reggiana immobiliare. E anche nella provincia confinante riappare il solito sistema delle scatole cinesi. E, bambolina dopo bambolina, si scopre un nuovo, curioso, collegamento con il compagno S., che qui del resto controlla la sua azienda più ricca, la Baragalla 2000. A Reggio Emilia il Pd ha creato la Fondazione Tricolore, che a sua volta è socio unico della Reggiana: 7 milioni di attivo, ricavi per 230 mila euro, 60 proprietà sparse in 22 comuni della provincia. E una selva di diversificazioni, "operate prevalentemente per motivi strategici" dettaglia il bilancio 2010. Oltre alla Pielleffe c'è la Reclame che idea campagne pubblicitarie, l'Aurora che fa ristorazione, l'Aeroporto di Reggio che si occupa della gestione dell'aerostazione, la Cooperativa Arturo Bellelli che tira su palazzoni, e la Cna Servizi. E qui c'è l'ennesimo collegamento con il "compagno S.". A Reggio, la Confederazione nazionale dell'agricoltura è guidata da Tristano Mussini. Proprio Mussini, fra i suoi vari incarichi, è presidente della Eos, attiva nel fotovoltaico, posseduta al 30 per cento dalla European Consulting & Project, di cui Salami è socio al 30 per cento. In ogni *società che fa riferimento al Pd si può tirare un filo. Ogni filo porta a un intreccio. E l'intreccio, a volte, diventa groviglio. Come nel caso di un'altra partecipata della Reggiana: la Reclame. Presidente del cda è William Bigi, neoamministratore delegato delle Fiere di Reggio. Consigliere è Ermete Fiaccadori: ex presidente dell'azienda aeroportuale e della squadra di calcio Reggiana, oggi responsabile della FestaReggio, battutissima kermesse democratica. Un "assemblamento di potentati", secondo quel che denunciava il deputato leghista Angelo Alessandri in un'interrogazione del 26 luglio 2011. La Reggiana possiede anche il 30 per cento dell'Aurora. Il restante 27 per cento è in mano al Comune di San Martino in Rio, la cui amministrazione pende da sempre a sinistra. La maggioranza della srl è quindi, indirettamente, in mano al partito. L'Aurora, che si occupa di "ristorazione con somministrazione", ha un attivo di quasi 4 milioni. Ed esemplifica il legame d'affari con i vertici del mondo cooperativo. Presidente e socio è Demos Salardi: ex numero uno della Ccpl, fra i più importanti gruppi industriali cooperativi. Suo vice è Ilio Patacini: ex sindaco di San Martino e presidente del consorzio Ccfr, la finanziaria della Lega delle coop. Un simile groviglio d'interessi si ripete a Imola. Una fondazione capogruppo, la Politica per Imola, ha la società immobiliare Imola nostra, che ha nel suo portafoglio il 100 per cento della Allestimenti e pubblicità,* che è azionista di maggioranza della società editoriale Immedia. Ben quattro scatole cinesi: sistema più da paradiso fiscale che da eredi di Enrico Berlinguer e della sua questione morale. La Imola nostra iscrive a bilancio beni per quasi 5 milioni di euro. Nell'ultimo anno ha prodotto ricavi per quasi 164 mila di euro. Alla stessa voce, la controllata Allestimenti e pubblicità segna più 2,5 milioni. L'azienda, negli ultimi tempi, ha fatto incetta di commesse: grazie anche agli affidamenti di amministrazioni non certo ostili. Nel 2009 ha allestito un elefantiaco stand (di 3.400 metri quadrati: quasi un campo da calcio) al Vinitaly di Verona, per l'Enoteca della Regione Emilia-Romagna, amministrata dalla sinistra da tempo immemorabile. Lo stesso anno, alla Borsa internazionale del turismo, ha ideato lo spazio espositivo del Piemonte, all'epoca guidato da Mercedes Bresso: "appena" 585 metri quadrati. Così regioni di centrosinistra finanziano, anche se indirettamente, la periferia del loro stesso partito. Anche a Bologna c'è un'azienda di comunicazione ben introdotta: la Pass. La quasi totalità delle quote è nel portafoglio della Porta Castello, la più ricca "controllata" del Pd dopo la Provinciale di Siena che ha un patrimonio di quasi 36 milioni. Il valore della Porta Castello è di poco più basso: 34 milioni. Nel 2007 la società è stata incorporata dalla Fondazione Duemila. Tre anni in cui i suoi amministratori non si sono di certo rigirati i pollici: l'immobiliare ha *chiuso ben 36 compravendite. In un periodo di vacche magre, l'unico mattone che continua a tirare è quello rosso".*

****

"Non si tratta di pensare di più, quanto di pensare diversamente"

Jean Marie Domenach

In quest'ultimo periodo, forse perché anche lui è seduto ai piedi di Monti, di grossi scandali su Berlusconi non se ne hanno traccia. Adesso i riflettori sono accesi e illuminano quelli perpetrati dalla Lega, che ha da sempre accusato la povera Roma di essere ladrona. Che poi cosa c'entrasse la città di Roma è sempre stato un mistero. Ma sono talmente accesi sulla lega che hanno permesso di far passare sottosilenzio la notizia che il 6 Aprile del 2012 è stato iscritto nel registro degli indagati Franco Bonferroni, l'uomo *"espressione dell'Udc"*, con l'accusa di finanziamento illecito ai partiti. Soldi all'Udc tramite l'Enav. Interessante ricordare che Casini era impegnato proprio in quei giorni con Alfano (Pdl) e Bersani (Pd) a precisare che i finanziamenti pubblici ai partiti non si toccano. Ma stranamente non si hanno più avute notizie riguardo il governatore dell'Emilia Romagna Vasco Errani indagato per falso per aver finanziato indebitamente con un milione di euro la cooperativa del fratello, come pure ci si è dimenticato che a Firenze era sotto inchiesta per la costruzione di strade fantasma l'ex assessore alla Regione

Riccardo Conti e con lui Vito Gamberale, amministratore di F2i nonché azionista di Sea, la società che gestisce gli aeroporti milanesi. La vicenda era arriva fino in procura a Milano, con un fascicolo proprio su Sea e la Milano Serravalle, questione che ha messo nei guai anche l'ex presidente della Provincia di Milano, e piddino, Filippo Penati. Ma a Milano non tremava anche il sindaco Giuliano Pisapia perché Gamberale tornava in una intercettazione sulla svendita Sea? E della questione che a Bari, il sindaco Michele Emiliano ha accettato in regalo pacchi luculliani da imprenditori poi arrestati? E del fatto che l'ex leader Francesco Rutelli neghi che l'Api abbia ricevuto finanziamenti dal suo ex tesoriere Luigi Lusi dichiarando: *"Era un cancro all'interno della Margherita. Sono una vittima e non fatemi diventare il colpevole"*? Qualcuno ha poi fatto sapere le stranezze del bilancio del PD, nel quale vi sono 43 milioni di euro di disavanzo, anche se dal 2008 al 2011 ha ricevuto complessivamente 200 milioni di euro di rimborsi elettorali? Nel bilancio si legge: viaggi, ristoranti e alberghi per 2.165.138 euro; 5 milioni di euro per le *"iniziative volte ad accrescere la partecipazione delle donne"*, senza contare delle spese elevatissime per la sede nazionale in via del Nazareno a Roma, e 1.783.000 euro per la regolazione di *"poste pregresse"*; per vigilanza, assicurazioni e pulizia 1.862.000 euro, e gli stipendi di 173 dipendenti, 17 giornalisti e 12 collaboratori, per 12 milioni. E'sceso il silenzio anche su

Vendola per lo scandalo sanità in Puglia? Sempre per la serie come è andata a finire, si riporta l'articolo apparso sul Corriere della Sera, Cronaca di Roma, a pagina 1 e 2 il 4 marzo del 2011:

"Oltre 2 mila case di proprietà del Comune che avrebbero fruttato al Campidoglio appena il 15% del loro valore. Si tratta di sedi di associazioni utilizzate come sezioni di partito a canoni d'affitto irrisori e non pagati da decenni. Appartamenti in zone centrali venduti a prezzi molto inferiori al loro reale valore. È questo il nuovo filone di "Affittopoli" che abbraccia un periodo compreso dal 2001 al 2008, quando la Capitale era governata dal centrosinistra e il sindaco era Walter Veltroni. E le novità stanno scatenando roventi polemiche nel mondo politico romano. Nell'elenco c'è di tutto: dal ristorante "Checco er Carrettiere" di Trastevere, uno dei preferiti da Roberto Benigni, che pagherebbe 300 euro al mese d'affitto ad un albergo di lusso con un canone di 2.500 euro. Non mancano le sedi di partito: una del Pd in via Vaiano ha un affitto di appena 254 euro mensili, mentre un'altra sede di Sinistra e libertà ne dovrebbe pagare 213, ma è morosa da una decina d'anni. E sarebbero decine le case vendute a prezzi molto inferiori a quelli di mercato. Tra queste l'appartamento da 155 metri quadrati del figlio dell'ex ministro delle Finanze, Vincenzo Visco, vicino Campo dè Fiori: l'abitazione sarebbe costata 900 mila euro, il 30-40% in meno del valore reale. Il centrodestra, per bocca

di Barbara Saltamartini, parlamentare Pdl, accusa: "Se le notizie fossero confermate, sarebbe uno dei più grandi scandali della storia dell'amministrazione capitolina: la magistratura, alla luce di questi fatti, faccia chiarezza per capire chi ha permesso questo vero e proprio scempio". Parole condivise dal vice presidente della commissione Patrimonio di Roma Capitale, Domenico Naccari (Pdl) che aggiunge: "È opportuno, nell'interesse dei cittadini romani, che venga fatta tutta la chiarezza necessaria, a tutela della dovuta trasparenza amministrativa". Replicano i parlamentari del Pd Roberto Morassut, che durante la giunta Veltroni è stato assessore comunale all'Urbanistica, e Walter Verini: "La gestione amministrativa delle giunte guidate dal sindaco Walter Veltroni si è sempre attenuta ad un rigoroso rispetto delle regole e alla trasparenza". E ancora: "Non saranno certo velenose campagne di stampa a cambiare le carte in tavola o a nascondere la situazione di disastro anche morale della giunta Alemanno, con il suo immobilismo e con i suoi scandali". E dalla Regione Giancarlo Miele (Pdl) ricorda riferendosi alla gestione degli immobili appartenenti al Ipab: "Dopo 5 anni di monopolio assoluto l'ex maggioranza di centrosinistra finge di non essersi resa conto del malgoverno di cui è stata responsabile ed in particolare della cattiva gestione del patrimonio immobiliare pubblico". E adesso "nel vortice di affittopoli e svendopoli alcuni consiglieri, che fino a pochi mesi fa avevano precise responsabilità politiche e amministrative - sottolinea Miele - chiedono all'attuale assessorato al Patrimonio l'accesso agli atti, per verificare canoni e locazioni. Francamente non si capisce il senso di questa richiesta". Intanto ieri nell'Assemblea capitolina Giordano Tredicine (Pdl) ha presentato una mozione insieme al collega Ugo Cassone per "rivedere il piano di dismissione delle case dell'ente previdenziale Enasarco". Tredicine poi precisa: "È necessario istituire un tavolo di concertazione tra Enasarco, sindacati degli inquilini, lavoratori della fondazione e rappresentanti del Comune per fare chiarezza quanto prima e valutare alternative in merito alle condizioni che l'Enasarco ha stabilito per gli inquilini".

****

*"Bisogna ascoltare molto e parlare poco
per governare bene uno Stato"*

Cardinale Richelieu

Certamente il panorama fino adesso esposto non è molto edificante. Dal dopoguerra ad oggi a fronte di poche cose buone fatte, ve ne sono un'infinità di dannose. Tra i soldi che si sono mangiati, e che continuano a mangiarsi, tra finanziamenti a pioggia per tutti e senza un reale riscontro e controllo, tra enti che non servono a nulla, tra soldi regalati agli industriali, ai sindacati, con l'ingresso dell'euro e le speculazioni fatte, ecco che un bel giorno si arriva a scoprire che la coperta fino ad oggi utilizzata non è più servibile. Ecco che improvvisamente vi è un incremento nello scoprire gli evasori fiscali, ecco che miracolosamente si parla, ma si parla solamente, di tagliare gli sprechi, ma intanto il cittadino deve ancora subire. E' utile precisare in questo contesto che in economia, all'interno del bilancio statale, **il deficit o disavanzo pubblico** è l'ammontare della spesa pubblica non coperta dalle entrate, ovverosia quella situazione economica in cui, in un dato periodo, le uscite dello Stato superano le entrate. **Il Debito pubblico** è invece la somma dei deficit che si sono accumulati negli anni. Fino a qualche tempo addietro vivevamo nella più completa ignoranza, in quanto ai molti il termine *spread* era totalmente sconosciuto. Utilizzato, brandito come una clava, ma poche volte ne hanno spiegato il significato, ma soprattutto il senso, e cioè il perché lo spread deve essere considerato il termometro di un debito malato? Per gli economisti si tratta della differenza di rendimento tra il titolo pubblico decennale tedesco (Bund), considerato il punto di riferimento in Europa per la stabilità e l'affidabilità, e l'equivalente italiano (Btp). Domanda da cittadino ignorante: perché deve essere fatta questa valutazione, e chi ha stabilito che il Bund tedesco deve essere la stella polare? Gli economisti sostengono che lo spread aumenta quando gli investitori preferiscono il titolo emesso da uno Stato più affidabile, in questo caso il bund tedesco. Sempre da cittadino ignorante: ma nessuno ha mai sentito parlare di speculazioni? E se fosse in atto non una guerra con aerei, soldati, navi, ma con i soldi, perché dovremo soggiacere ai giochi di questi speculatori borsistici? Gli economisti sostengono che, a fronte della situazione poc'anzi esposta, lo Stato Italiano è costretto a "*promettere*" un rendimento maggiore per invogliare i mercati a investire nei suoi titoli. Sarà forse perché appartengo ad una generazione passata di moda, ma si suppone che in un mercato economico capitalistico come si è evoluto forse sarebbe il caso di cambiare le regole del gioco, e tornare sul pianeta terra, invece di fare tutto virtuale, ipotetico, ove fra l'altro i grandi capitali sono principalmente manovrati dalla criminalità organizzata. Secondo i dati forniti alla stampa da "*SOS impresa*" le ultime statistiche indicherebbero che la Mafia avrebbe un fatturato economico che si aggirerebbe attorno ai 140 miliardi di euro, con un utile attorno ai 100 miliardi di euro. Non sarò un economista ma con un investitore che può disporre di una tale quantità di denaro mi domando quanti siano veritieri tutti i dati e le analisi che fino ad oggi ci hanno proposto, e per cui continuano a tartassarci. Non solo, ma oltre alla Mafia, c'è da ricordarsi della storiella che ci hanno raccontato sull'euro. Nel 2002 hanno festeggiato l'ingresso trionfale nell'euro, ma immediatamente v'è stata una svalutazione del 100% circa visto che i commerciante e affini hanno senza indugio rapportato un euro = a mille lire invece delle quasi 2000, senza che questo venisse contrastato. Della cosa sono stato direttamente testimone, e più di una volta. Se non fossimo entrati nel sistema euro avevano prospettato cataclismi economici, su di noi si sarebbero abbattuti strali, senza che tra parentesi qualcuno ci spiegasse il perché. Siamo nel 2012 e le conseguenze dell'euro sono ben visibili a tutti. Se non vado incontro a svarioni colossali, il nostro sistema economico si fonda sul diritto di scambiare beni e servizi, "cose" e prestazioni, contro una data quantità di denaro, che è appunto la base il sistema del libero scambio. Ciò che è possibile scambiare e quale sia il prezzo adeguato da corrispondere viene definito sulla base di due impianti normativi: la legge della domanda e dell'offerta da un lato, applicabile indifferentemente a livello nazionale e internazionale, e l'apparato legislativo del Paese in cui si svolgono le transazioni dall'altro, con una validità esclusivamente interna. Ora cosa sarebbe accaduto di così drammatico se fossimo rimasti con la nostra lira? Quali eventi nefasti si sarebbero manifestati? Saremmo finiti peggio di come siamo oggi? Il concetto di Europa come una unica entità politica era, è, e sarà sempre un bufala, una chimera. All'inizio abbiamo parlato di enti inutili, ebbene senza elencarne tutti anche perché sono circa 500, ricordiamo innanzitutto che le cariche sono ricoperte quasi tutte da ex politici, burocrati, ex ufficiali, "amici", degli "amici", ma per curiosità è opportuno ricordarne qualcuna, anche per far comprendere al meglio di cosa si stia trattando. Ad esempio c'è l'*"Istituto agronomico per l'oltremare"* che conta uno staff di 47 persone, un direttore generale e un managing director. L'*"Istituto opere laiche palatine"*, fondato con Regio Decreto del 1936 con sede a Bari, che si cerca di eliminare da ben quattordici anni con dei disegni di legge di soppressione. Esiste anche un *"Banco nazionale prova armi da fuoco"*, una sorta di ente anagrafe delle armi prodotte in Italia, che ha un consiglio di amministrazione costituito da 12 componenti tutti nominati dal ministero dello Sviluppo, l'*"Istituto di beneficenza Vittorio Emanuele III"*, nato nel lontano 1907 con il compito di *"esercitare funzione di assistenza a favore degli ufficiali pensionati delle Forze armate e della Guardia di Finanzia o dei loro familiari"*. A guidare la *"Scuola archeologica italiana di Atene"* sono invece otto componenti, tutti nominati dal ministero, supportati da un consiglio scientifico e dei revisori dei conti. Ma senza ombra di dubbio al primo posto tra gli enti inutili troviamo le Province, che da oltre un secolo si cerca di abolirle. A presentare per primo la proposta di abolizione delle province, nel 1902, fu il deputato Gesualdo Libertini che le marchiava come enti *"per lo meno inutili"*, e già Francesco Crispi parlava della Provincia come di *"un ente artificiale che può essere soppresso perché non ha una consistenza naturale come il Comune"*. Ma anche qui le resistenze si sprecano e sia a destra che a sinistra. E mentre i nostri politici ci riflettono, il numero delle Province sale. E siccome non sono mai troppi gli enti sprèconi e vani, nella finanziaria 2010 furono stati stanziati 407 mila euro per l'*"Agenzia nazionale per i giovani"*, un organismo che secondo i vertici della struttura *"promuove la cittadinanza attiva dei giovani, in particolare, la loro cittadinanza europea, sviluppa la solidarietà e promuove la tolleranza fra i giovani per rafforzare la coesione sociale"*. Per la serie un finanziamento pubblico non si rifiuta a nessuno, pensiamo al mondo del cinema. Un film per riceverlo essere riconosciuto *"di interesse culturale"* dalla Commissione Cinema. La Direzione generale cinema del Ministero dei Beni culturali rendendo note le decisioni della Commissione cinema stabilì a quali film attribuire il riconoscimento di interesse culturale e il relativo finanziamento tra quelli presentati entro il 31 gennaio 2011. Questi i titoli: Vedere nel buio di Silvio Soldini (Lumière, solo interesse culturale); Il comandante e la cicogna di Silvio Soldini (Lumière, 1,1 milioni di euro); Diaz di Daniele Vicari (Fandango, 400mila euro); Morta di soap di Antonietta De Lillo (Marechiaro, 250mila euro); Mi fido di te di Luca Barbareschi (Casanova Multimedia, 500mila euro); Nemesi di Vittorio de Seta (Vera Due Cinematografica, 200mila euro); Sono un pirata sono un signore di Eduardo Tartaglia (Mitar Group, 400mila euro); Il giorno dopo di Ruggero Deodato (Globe Films, 350mila euro); Dracula (nella foto) di Dario Argento (Multimedia Film Production, 300mila euro). Ognuno tragga e faccia le proprie conclusioni. Questo tipo di finanziamento ha una storia che affonda le sue radici nel lontano 1965, anno in cui venne istituita la famigerata legge 4 novembre, n.1213 denominata *"Nuovo ordinamento dei provvedimenti a favore della cinematografia"*. All'interno della normativa, in vigore fino al 1994, l'articolo 28 istituiva un *"Fondo particolare"* da utilizzare per la concessione di finanziamenti *"a film ispirati a finalità artistiche e culturali con una formula produttiva che preveda la partecipazione ai costi di produzione di autori, registi, attori e lavoratori."* Lo Stato, quindi, poteva destinare alle pellicole ritenute meritevoli, un mutuo a tasso agevolato, assistito dal fondo di garanzia, in misura pari al 90 % dell'importo massimo ammissibile: fu proprio in quel trentennio che fiorirono, grazie agli aiuti previsti, i film più disparati: da Ecce Bombo di Nanni Moretti a Cattive Ragazze di Marina Ripa di Meana, per non parlare dei sette finanziamenti, e nessun film uscito al regista Giampaolo Santini o dei tre nell'arco di due anni (1996-1997) a Pupi Avati. Nel 1994 si ritengono quindi necessari, con l'emanazione di un decreto poi convertito in legge, i cosiddetti *"Interventi urgenti a favore del Cinema"* per cercare di combattere l'assoluta arbitrarietà con cui venivano fino a quel momento stanziati i fondi pubblici alle opere filmiche. Solo 20 film l'anno potranno ricevere finanziamenti dal Ministero. Nel 2004 la storia si ripete: la Corte dei Conti nella sua relazione sul rendiconto generale dello Stato, reclama la restituzione dei finanziamenti, rientrati solo per una minima parte al Ministero per i Beni e le Attività culturali. Il Fondo di garanzia viene così cancellato e vengono apportate ulteriori modifiche attraverso le Legge Urbani: i criteri di accesso ai finanziamenti diventano più rigidi, il contributo del 90% viene mantenuto solo per le opere prime e seconde, mentre scende al 50% per tutte le altre realizzazioni. Grande novità è l'introduzione, dovuta all'esempio americano, del *"product placement"*, pubblicità a pagamento autorizzata all'interno dei film di produzione italiana. È il 2008, però, a segnare il definitivo passaggio dai mutui con gli istituti di credito al contributo diretto emanato dal MiBAC: il Ministero diventa in questo caso detentore di una parte dei diritti di sfruttamento dell'opera che il produttore può riacquisire restituendo allo Stato l'intera somma stanziata. È in quell'anno, inoltre, che vengono autorizzati dalla Comunità Europea i decreti relativi al "*tax shelter*" e al "*tax credit*", rispettivamente detassazione degli utili e credito d'imposta a favore dei produttori cinematografici. Il sostegno statale alle opere filmiche è garantito inoltre dal Fondo Unico per lo Spettacolo (FUS), istituito nel 1985, il quale per l'anno 2008 fu di circa 90 milioni di euro, 69 milioni per il 2009 e 76 milioni per il 2010.

Altro aspetto poco noto è il Disegno di legge N. 87, Art. 17. (Incentivi per l'esercizio cinematografico), che fra le altre cose recita "*1. Gli esercenti cinematografici che proiettano nelle sale lungometraggi e cortometraggi di nazionalità italiana ed europea possono beneficiare di contributi finalizzati ad incentivare la programmazione delle opere di nazionalità italiana ed europea calcolati sul numero di giornate di programmazione destinate a tali opere durante l'anno solare. I contributi sono erogati dal Centro in base ai parametri, ai criteri e alle modalità da esso stabiliti, con particolare riguardo per i film di qualità e d'essai*".

E poi si parla di debiti. Ma non è finita qua. Si riporta un articolo di Mario Cervi de Il Giornale "*Ma quanto ci costa il Quirinale*" del 30 gennaio 2007

"[...] *Risulta dalla nota del Colle che il personale complessivo è di 2181 dipendenti. Di questi, gli addetti di ruolo alla Presidenza ammontano a 1095 unità. Tra loro ci sono 108 dipendenti in diretta collaborazione con i vertici della Presidenza: e poi 1086 militari - tra loro i 297 corazzieri - e addetti alla polizia e alla sicurezza. Un organico superiore di 587 unità a quello del 1998. Questo apparato - e la manutenzione dell'immenso palazzo che fu dei Papi e dei re d'Italia, nonché dei suoi giardini - imporrà quest'anno una spesa di 235 milioni di euro: il che in valori monetari depurati dell'inflazione significa il 60 per cento in più rispetto a dieci anni or sono, e il triplo rispetto a vent'anni or sono. Il bilancio di previsione è inferiore d'un milione di euro a quanto stabilito dal bilancio pluriennale dello Stato, 3,23 per cento di aumento anziché 3,5. Cioè si spenderà un pochino meno di quanto previsto, ma più che l'anno prima. L'unica voce praticamente stabile [...] è quella dell'appannaggio presidenziale, fermo a 218.407 euro (e soggetto, per una decisione presa a suo tempo da Oscar Luigi Scalfaro, alla normale tassazione). [...] Raffaele Costa scrisse nel suo libro «L'Italia dei privilegi» che la regina Elisabetta II d'Inghilterra dispone di 300 dipendenti, il re di Spagna di 543, il presidente Usa di 466, l'imperatore del Giappone di mille all'incirca. Ma proviamo a esaminare i casi di presidenze vicine all'italiana, ossia la tedesca e la francese. Ho fatto ricorso, per avere dati recenti e precisi, alla cortesia dei colleghi Salvo Mazzolini (Berlino) e Alberto Toscano (Parigi). In Germania il presidente della Repubblica - attualmente Horst Kohler - ha, come il nostro, compiti soprattutto di rappresentanza e di garanzia, ma rispetto al nostro più affievoliti. Lo si può paragonare ai sovrani scandinavi. Il potere vero spetta al cancelliere. Ecco allora le informazioni di Mazzolini: «Nel 2006 sono stati stanziati per le spese della Presidenza diciannove milioni 354mila euro. Questa cifra è comprensiva di tutto, stipendio del presidente e del personale, spese ordinarie e straordinarie, viaggi all'estero, manutenzione delle due residenze (Bonn e Berlino). Il presidente ha uno stipendio annuo netto di 199mila euro, e dispone inoltre d'uno straordinario (78mila euro nel 2006) per spese di rappresentanza e interventi di vario tipo. Gli organici della presidenza ammontano a 160 unità tra consiglieri, funzionari, impiegati, personale addetto alla manutenzione e alla sicurezza. Il numero dei dipendenti è fissato per legge. «Meno d'un decimo di quella del Quirinale la spesa tedesca, molto meno d'un decimo il personale». Il presidente francese non è una figura rappresentativa e notarile: ha un forte ruolo operativo - e in settori come quello degli esteri e della difesa prevalente - nella politica francese. L'Eliseo di Jacques Chirac - ancora per poco - non è un osservatorio o un luogo di verifiche, è una plancia di comando. Ecco il ragguaglio di Toscano:*

«Effettivi della Presidenza: 941 persone di cui 365 militari. Tra quei 941 gli addetti al Capo dello Stato, alla sua famiglia, alla sua abitazione e alle sue relazioni personali sono 192 di cui 29 militari; gli addetti ai servizi della presidenza sono 749 di cui 336 militari. La presidenza include le sedi staccate o di vacanza di palazzo Marigny (accanto all'Eliseo), castello di Rambouillet, forte di Bregancon e altri immobili. Tra questi un appartamento, vicino alla torre Eiffel, dove Mitterrand ospitava la madre di Mazarine, la sua figlia segreta. La dotazione del presidente della Repubblica, comprese le spese di rappresentanza e di viaggio, è di un milione 736mila euro. Aggiungendo le retribuzioni del personale si arriverà per il 2007 a circa 32 milioni di euro, in lieve calo sul 2006. Inoltre sono previsti «fondi speciali» per oltre cinque milioni di euro annui. Il Presidente paga l'Irpef su un salario mensile lordo di 6627,45 euro. Lasciato l'Eliseo Mitterrand ebbe 4300 euro mensili della pensione di ex presidente e 4400 euro mensili di altre pensioni: gli spettavano inoltre, come ex, lo stipendio per due addetti al segretariato, una guardia del corpo, auto blu e autista». La disparità enorme tra la spesa per l'Eliseo - 32 milioni di euro - e la spesa per il Quirinale - 235 milioni - lascia supporre che in Francia alcune voci importanti siano contabilizzate a parte. Poco più di un anno fa un'inchiesta di Nouvel Observateur sostenne che i bilanci dell'Eliseo erano truccati, e che la spesa era tripla di quella resa nota, ossia 90 milioni di euro. La cifra parve ai francesi mostruosamente alta. Perché il Quirinale è così caro? Intanto perché la politica e la burocrazia italiana tendono a dimensionarsi, nei piani alti, al livello delle cinque stelle lusso. Ci comportiamo - o meglio loro si comportano - come un Paese straricco. Parlamentari ed europarlamentari sono i più pagati d'Europa, i consiglieri regionali sfiorano - e in Sicilia raggiungono o superano - la retribuzione sontuosa di deputati e senatori, il governatore della Banca d'Italia è il banchiere centrale meglio retribuito del mondo - tranne pare Hong Kong -, anche nelle propaggini manageriali della politica non si scherza e chi guida l'Alitalia in bancarotta incassa più di chi guida la Lufthansa. Si sciala nelle retribuzioni, si sciala nell'assegnazione di personale anche se da ogni ufficio pubblico si levano strazianti invocazioni perché «gli organici non sono completi». Qualche giorno fa s'è accennato all'istituzione d'una «autorità» per la tutela dei diritti dei detenuti, e veniva ventilato un organico di cento (cento!) dipendenti. A far che? Torniamo al Quirinale. Per strutturare una presidenza che è forte per la stabilità - sette anni - ma debole per l'ambito decisionale potevano essere seguite due strade: un Quirinale leggero e un Quirinale pesante. L'opzione della leggerezza era suggerita dal fatto che il Presidente della Repubblica «non è responsabile degli atti compiuti nell'esercizio delle sue funzioni» tranne che per Alto Tradimento o per attentato *alla Costituzione. Nessun suo atto è valido se non è controfirmato dai ministri proponenti (e s'è visto quale diatriba giuridica sia stata inscenata per la grazia a Sofri e altri). È stata invece prescelta, non disinteressatamente, la formula della pesantezza, e d'un fatato universo quirinalizio dove per esempio all'ufficio postale - Raffaele Costa dixit - erano adibite 16 persone. Il Quirinale così messo in piedi è una sorta di bonsai - ma anche un bonsai può essere gigantesco - che riproduce quasi tutte le varietà della selva burocratica italiana. Tre boiardi stanno alla sommità della piramide, il segretario generale e i suoi due vice. Ci sono poi i consiglieri, ciascuno di loro è un miniministro a capo di un miniministero: consigliere per gli affari giuridici e le relazioni costituzionali (ministro della Giustizia), consigliere diplomatico (ministro degli Esteri), consigliere militare (ministro della Difesa), consigliere per gli affari interni (ministro dell'Interno) e così via. Il tocco quirinalizio fa lievitare le retribuzioni. Chi è «comandato» al Quirinale da altre amministrazioni riceve, anche se le sue mansioni in sostanza non cambiano, una vistosa gratifica monetaria (successivamente avrà anche, il più delle volte, gratificazioni di carriera)".*

E ora un articolo di Franco Bechis, "Libero" del 29 febbraio 2012, giusto così per avere un raffronto più vicino da un punto di vista temporale:

"*L'anno dell'addio di Carlo Azeglio Ciampi - il 2006 - il Quirinale aveva un fondo di dotazione di 216 milioni di euro. Nel 2012 sarà di 228 milioni di euro. Se la matematica non è un'opinione, si tratta di 12 milioni di euro in più. Quando si taglia la spesa, questa si riduce, non aumenta. I 60,5 milioni di risparmi calcolati da Napolitano sono quello che grazie a un trend di spese pazze, il Quirinale avrebbe pensato di spendere di più, e che invece non ha osato buttare via dalla finestra come era costume. Lodevole intento, ma non si tratta di una riduzione dei costi. Il complesso di spese per la monarchia inglese nel 2006 contava su una dotazione pubblica (fra contributo diretto e prestiti) di 38,5 milioni di euro. Oggi quella somma è di 34,2 milioni di euro. Questa è una riduzione di spesa vera. Nello stesso periodo dunque la Regina Elisabetta è costata ai contribuenti inglesi l'11,1% in meno, mentre il presidente Napolitano è costato ai contribuenti italiani il 5,5% di più. Anche la dotazione dell'Eliseo è cresciuta nello stesso periodo. Era di 108,9 milioni di euro, ed è diventata di 110,6 milioni di euro. In percentuale significa un rincaro dell'1,5%, e cioè una crescita di costi quasi quattro volte inferiore a quella del Quirinale. Di vero nelle celebrazioni del Colle c'è solo la riduzione numerica del personale. Che è consistente, essendo passata dai 2.158 dipendenti dell'ultimo anno di Ciampi agli attuali 1.787 dipendenti. Però è a stata a doppia velocità: grazie al blocco del turn over e alla* riduzione del personale militare e di ruolo e dei comandi da altre amministrazioni, il totale si è ridotto. È aumentato però il personale a contratto legato al mandato del presidente della Repubblica (in sostanza il suo staff): da 85 a 103. Il numero è clamoroso, perché è il doppio dello staff della Regina di Inghilterra (49) e superiore del 25% allo staff del presidente francese (78). Anche il totale - ridotto - del personale della presidenza della Repubblica italiana è clamoroso quando viene messo a confronto con la monarchia inglese (423 dipendenti fra Regina, addetti alle proprietà immobiliari della Corona e impiegati nelle compagnie di trasporto reali) e con lo stesso Eliseo (943 dipendenti). Nonostante la riduzione numerica, fra Ciampi e Napolitano è riuscita ad aumentare anche la spesa per il personale, passata da 205,8 a 221 milioni di euro. Gli stipendi in sé sono diminuiti (da 134,6 a 132,8 milioni di euro), ma sono aumentati i contributi previdenziali e assistenziali (da 71,2 a 88,2 milioni di euro). Anche qui salta all'occhio una differenza sorprendente con la monarchia inglese e con la presidenza francese. Ogni dipendente del Quirinale costa mediamente 123.670 euro all'anno. È quasi il doppio dei 74.160 euro che spende per dipendente l'Eliseo, ed è esattamente il triplo di quanto costa ogni dipendente della casa reale inglese: 43.546 euro. Se per il Quirinale si dovesse usare lo stesso confronto internazionale fatto per politici e manager pubblici, bisognerebbe dimezzare gli stipendi con effetto *immediato. Peraltro - a parte la volenterosa notarella emessa ogni anno dal segretario generale Marra (con perimetro spesso differente e non confrontabile con gli anni precedenti) - il Colle più alto della politica italiana ha un altro primato assoluto in Europa: è l'istituzione meno trasparente che esista. L'Eliseo trasmette i suoi conti dettagliati alla Corte dei Conti francese, che pubblica ogni anno un rapporto a disposizione di tutti. La Regina di Inghilterra pubblica ogni anno un rapporto di oltre un centinaio di pagine con tutti i conti e le spese della monarchia. Si trovano tutti gli stipendi del suo staff, si racconta che è stato restaurato perfino il water della toilette reale, e quanto è costato. Sono indicati costi e consumi volumetrici di gas, elettricità, combustibile. È indicato con i costi nel dettaglio ogni volo o treno preso dalla Regina, dal suo staff e dai membri della famiglia reale per spostamenti dentro e fuori il Paese".*

****

"L'asceta fa una necessità della virtù"

Friedrich Nietzsche

Nel gennaio 2012 l'ex tesoriere della Margherita, Luigi Lusi viene travolto da un'inchiesta giudiziaria perché avrebbe sottratto milioni di euro dalla casse del partito di cui Rutelli è stato presidente. Luigi Lusi, nato a Roma il 25 novembre del 1961; dal 1990 al 1994 è stato Segretario del Comitato Centrale dell'Associazione Guide e Scout Cattolici Italiani; fra il 1994 e il 1996 è stato consulente giuridico del Comune di Roma guidato dal Sindaco Francesco Rutelli per le politiche della casa e delle Associazione Cattolica dei Lavoratori Italiani (ACLI), per le quali coordina anche l'organizzazione di grandi manifestazioni nazionali. Tra il 1996 e il 1997 è sempre consulente nel Comune di Roma per le politiche della sicurezza. Dal maggio 1998 al dicembre 2000 ha esercitato le funzioni di Magistrato onorario presso il Tribunale di Velletri. Tra il 1999 e il 2004 è stato: Delegato del Sindaco di Roma (marzo 1999 - gennaio 2001), consigliere di amministrazione di Metroferro s.p.a. (2000), Tesoriere del Comitato Rutelli 2001, in sostegno della candidatura a premier di Francesco Rutelli a premier del centrosinistra per le Elezioni politiche del 2001 poi perdente, e vice presidente di Trambus s.p.a. (2000 - gennaio 2004). Senatore nella XV legislatura per L'Ulivo e nella XVI legislatura per il Partito Democratico. Nella sua prima legislatura è stato Segretario della Giunta per le elezioni e le immunità parlamentari, membro della Commissione Bilancio e della Commissione Agricoltura, in sostituzione del Viceministro al Ministero dell'Economia con delega al Bilancio Roberto Pinza. Dal 2008 è Vicepresidente della Commissione Bilancio del Senato, componente della giunta per le elezioni e le immunità parlamentari. Dal 13 maggio al 22 maggio 2008 è stato anche Segretario della Commissione speciale per l'esame di disegni di legge di conversione di decreti-legge. Nel 2009 nonostante fosse un fedelissimo di Francesco Rutelli decise di rimanere nel PD piuttosto che intraprendere la strada del nuovo soggetto politico dell'API. Dal 22 maggio 2002 al 25 gennaio 2012 è stato Tesoriere del La Margherita. Dal 2004 è Co-Tesoriere degli Uniti nell'Ulivo e Tesoriere europeo dello European Democratic Party. Dal 2005 è Co-Tesoriere dell'Unione. Oggi secondo i magistrati, l'ex tesoriere della Margherita avrebbe sottratto dalle casse del partito 18-20 milioni di euro. Ospite di Otto e Mezzo, il senatore Rutelli parlando dello scandalo Lusi, alle domande di Lilli Gruber e di Antonio Padellaro, direttore de *"Il Fatto Quotidiano"*, sostenne che si *"fidava ciecamente"* di Lusi e si definì *"addolorato"* per *"un caso orribile che ci ferisce in modo drammatico: siamo stati fregati"*, e aggiunse *"Ne va della mia onestà*". Premesso che si possa comprendere l'imbarazzo di Rutelli, però ovviamente sorgono alcuni dubbi. Ma Rutelli poteva non sapere? Possibile che nessuno, all'interno del partito, si sia accorto degli ammanchi, tra il 2008 ed il 2011, tra i fondi ottenuti dalla Margherita sotto forma di rimborsi elettorali? Ora o erano tutti per così dire imbambolati, al punto tale di non vedere e capire nulla o... Ma l'ex sindaco di Roma il 25 settembre 2000 non venne condannato dalla Corte dei Conti per una consulenza urbanistica da 134 milioni di lire, affidata a Lusi e Piva? Sulla questione Lusi è intervenuto anche Gad Lerner, che su "*Repubblica*" affermò "*Ora che lo scandalo dei bilanci-fantasma le ha rese evidenti, sarà bene ricordare le indicibili motivazioni patrimoniali che suggerirono nel 2006 ai dirigenti della Margherita e della Quercia la scelta autolesionistica di presentarsi uniti alla Camera, ma separati al Senato, a costo di disorientare gli elettori e mutilare così la vittoria del centrosinistra: lo fecero per ragioni di cassa. L'unità del nascente Partito democratico, ma soprattutto il progetto di rinnovamento del paese dopo una fallimentare legislatura berlusconiana, furono sacrificati al vil denaro; ritenuto indispensabile alla conservazione di strutture organizzative separate*". Al momento della stesura di questo libro la portata e le conseguenze dello scandalo Lusi non sono ancora del tutte note in quanto gli organi della magistratura sono al lavoro. Ci si può solamente augurare che le indagini in atto arrivino a conclusione e che se Lusi ha rappresentato effettivamente il vaso di Pandora della sinistra il vaso possa portare a termine il suo lavoro, al fine di sollevare definitivamente un velo che da tempo offusca certe manovre.

****

"Colui che non prevede le cose lontane, si espone ad infelicità ravvicinate"

Confucio

Nell'aprile 1993 Amato rassegna le dimissioni dalla Presidenza del Consiglio, e a lui succede Carlo Azeglio Ciampi, incaricato dal Presidente della Repubblica Oscar Luigi Scalfaro, succeduto al dimissionario Francesco Cossiga, di formare un governo tecnico, il primo della storia repubblicana.

L'anno 2008 è stato un anno bisestile, e nella tradizione popolare l'anno bisestile sarebbe foriero di sventure, secondo il detto anno bisesto, anno funesto. Per il mondo politico è stato sicuramente un anno particolare. Le elezioni politiche italiane del 2008 per il rinnovo dei due rami del Parlamento italiano, la Camera dei deputati e il Senato della Repubblica, si tennero domenica 13 e lunedì 14 aprile. Rispetto alle precedenti elezioni gli schieramenti erano molto variati. Quelle che erano state le due grandi alleanze, nel 2006 e prima, erano già estinte, e i partiti al loro interno erano stati protagonisti di grandi mutazioni. Tendenza generalizzata fu la scomposizione in più liste, e l'accorpamento fra loro di forze politiche simili.

All'elettore si presentava un quadro con un più vasto numero di schieramenti, ma al loro interno molto meno variegati ed anzi composti da singole liste, con le eccezioni delle coalizioni maggiori, con programmi unitari. In sostanza abbiamo da una parte il Partito Democratico (PD), dall'altra Il Popolo della Libertà (PdL). All'Unione dei Democratici Cristiani e di Centro (UDC) fu proposto di confluire nel Popolo della Libertà, prospettiva che l'UDC, nonostante una spaccatura dovuta alla scelta singoli esponenti come Carlo Giovanardi di aderire al PdL, non condivise. L'UDC quindi si presentò indipendentemente, con un proprio candidato premier. Le liste presentate nella maggioranza delle circoscrizioni per Camera e Senato furono, in ordine alfabetico per cognome:

Silvio Berlusconi, sostenuto da Il Popolo della Libertà, Lega Nord, Movimento per l'Autonomia;

Fausto Bertinotti, sostenuto da La Sinistra - L'Arcobaleno;

Enrico Boselli, sostenuto dal Partito Socialista;

Pier Ferdinando Casini, sostenuto dall'Unione di Centro;

Flavia D'Angeli, sostenuta da Sinistra Critica;

Stefano De Luca, sostenuto dal Partito Liberale Italiano;

Bruno De Vita, sostenuto dall'Unione Democratica per i Consumatori;

Marco Ferrando, sostenuto dal Partito Comunista dei Lavoratori;

Roberto Fiore, sostenuto da Forza Nuova;

Stefano Montanari, sostenuto da Per il Bene Comune;

Daniela Santanchè, sostenuta da La Destra-Fiamma Tricolore;

Fabiana Stefanoni, sostenuta da Partito di Alternativa Comunista;

Walter Veltroni, sostenuto dal Partito Democratico e Italia dei Valori;

Non furono poche le sorprese elettorali. I risultati elettorali consegnarono alle aule parlamentari una composizione di eletti che non vide rappresentanze dei partiti della sinistra tradizionale, socialisti e comunisti, per la prima volta nella storia della Repubblica Italiana. Questo dato era inatteso in quanto i sondaggi pre-elettorali avevano fatto ritenere che almeno La Sinistra – L'Arcobaleno riuscisse a superare la soglia di sbarramento alla Camera e potesse aspirare ad eleggere propri rappresentanti anche al Senato. Gli elettori premiarono solo le due coalizioni maggiori che ottennero il voto di grandissima parte dell'elettorato. Il Popolo della Libertà si impose come partito di maggioranza relativa, mentre, il centrosinistra, considerato nel suo insieme, subì una netta diminuzione nelle preferenze elettorali. Il Pdl quindi vinse ed ebbe un consenso tale che permise un una cospicua maggioranza sia alla Camera sia al Senato, senza che si dovesse quindi ricorrere ai senatori a vita per sopravvivere come era successo al centro sinistra nella precedente legislatura. Prodi. Quindi c'erano tutti gli elementi per poter governare. La maledizione dell'anno bisestile colpisce nel 2010. Tra Fini e Berlusconi è rottura. I veri e reali motivi di tale frattura furono solo a loro noti. Le conseguenze per il paese purtroppo lo sono a tutti. Una forza politica che poteva lavorare tranquillamente per svolgere il mandato avuto dagli elettori si frantuma, si polverizza. I numeri ricominciano a far traballare chi governa, ancora una volta tornano gli spettri della maggioranza risicata, che di fatto fa imballare il motore governativo. Ad una sinistra ancora una volta dilaniata dalle mille personalità, in perenne lotta per la leadership, gli si presenta un'occasione alla quale neanche i più accaniti anti berlusconiani, potevano immaginare e immediatamente si muovono. Infatti il Presidente dei deputati Pd Dario Franceschini si precipitò a votare la *"fiducia"* a Gianfranco Fini, e Pierluigi Bersani tuonò *"questa è una crisi e Berlusconi deve venire in Parlamento"*, annunciando l'occupazione dell'aula *"fino a quando il presidente del Consiglio non verrà a riferire davanti al Parlamento"*. L'ex fascista, l'ex delfino di Almirante, l'ex di tutto, Gianfranco Fini consapevolmente o meno, volutamente o meno, diventa il miglior amico degli ex comunisti. Casini, l'ex democristiano, prima delfino di Antonio Bisaglia, poi fra i più stretti discepoli di Arnaldo Forlani, ora può finalmente gongolare. Quello che non era riuscita a fare tutta la sinistra unita, i due uomini che dovevano la loro presenza, il loro prestigio, la loro occupazioni di ruoli che da soli non avrebbero mai raggiunto, c'erano riusciti: mettere in difficoltà seria Silvio Berlusconi. Il problema non è chi avesse ragione e torto, ma è esclusivamente la conferma che la riconoscenza, la bramosia di potere, il credere che tutto sia dovuto ancora una volta ha vinto, e questo senza considerare che le conseguenze di tali situazioni si ripercuotono sul paese. Le lotte per occupare posti, poltrone, garantirsi merci di scambio, hanno di fatto consegnato il paese a Mario Monti, l'uomo prescelto dal presidente della Repubblica. Un capolavoro politico mai visto neanche ai tempi della cosiddetta prima repubblica. Ora PD, PDL, Udc, e gli altri ad esclusione della Lega e l'Idv, siedono ai piedi di Mario Monti, pronti a giustificare, a benedire ogni suo atto, ogni sua decisione, ogni suo pensiero, a meditare, a ipotizzare di prenderselo come leader da proporre ad una prossima tornata elettorale, sempre che ci sia ancora questa possibilità. Ora l'uomo del Presidente della Repubblica, senza aver avuto alcun mandato popolare, senza aver ricevuto neppure un voto dall'elettorato ci guida, ci ha cambiato la vita, è riuscito con l'avvallo dei politici suoi fedeli e vili servitori, a stravolgere le regole che fino a prima esistevano, sulle quali noi poveri miseri mortali avevamo programmato il nostro futuro, noi poveri illusi, noi poveri schiocchi ancora una volta siamo stati traditi, vilipesi, senza che nessuno ci abbia chiesto cosa ne pensassimo, e questo ovviamente con la benedizione della democrazia, e di tutte le cariche che dovrebbero esserne i custodi, i difensori. Ma oltre a questo la questione tragica e che tutte le nefandezze compiute sono in nome dell'Europa, per non finire come la Grecia (?), senza mai però essere corretti e ammettere il fallimento dell'euro, di non voler asserire che tutta la questione euro è stata esclusivamente una operazione per accontentare le banche e i poteri forti dell'economia, in barba a tutto e a tutti.

****

"L'idealismo è la nobile toga che il politico gentiluomo
avvolge sul suo desiderio di potere"

Aldous Leonard Huxley

Mario Monti è un massone? E' vero che avrebbe preso parte alle riunioni segrete del gruppo Bilderberg numerose volte? Farebbe parte della Commissione Trilaterale, la più potente loggia massonica del mondo? Sarebbe membro della Golden Sachs, la più potente banca d'affari dell'intero pianeta, la grande burattinaia dell'intero mercato finanziario internazionale? Un dato è certo, e cioè che il Governo Monti è il sessantunesimo governo della Repubblica Italiana, il secondo della XVI Legislatura. E' opportuno ricordare che il governo Monti è stato nominato dal Presidente della Repubblica Giorgio Napolitano il 16 novembre 2011. Mario Monti, nato a Varese, 19 marzo del 1943 è un economista, accademico e politico italiano. Giorgio Napoletano lo nomina senatore a vita il 9 novembre 2011, e il 16 di novembre assume l'incarico di Presidente del Consiglio dei Ministri della Repubblica Italiana e allo stesso tempo di Ministro dell'Economia e delle Finanze. Monti è stato presidente dell'Università

Bocconi dal 1994, commissario europeo per il Mercato Interno tra il 1995 e il 1999 nella Commissione Santer; sotto la Commissione Prodi ha rivestito il ruolo di commissario europeo per la concorrenza fino al 2004. Ma Monti non vanta un'incredibile rete internazionale di contatti che va dal think tank Bruegel al gruppo Bilderberg e al suo "*braccio armato*", ovvero la Commissione Trilaterale? Sicuramente e stato international advisor di Goldman Sachs, la banca d'affari americana della quale, in tempi e con ruoli diversi, hanno fatto parte Mario Draghi, Romano Prodi e Gianni Letta. Amato, dal canto suo, è senior advisor per l'Italia dell'istituto di credito tedesco Deutsche Bank. Sul sito del governo è stata pubblicata la denuncia dei compensi e delle proprietà di Mario Monti. Nel 2010 Mario Monti ha dichiarato un milione e mezzo di euro (1.515.744 euro), dei quali 639.492 versati al fisco come Irpef e 21.089 di addizionale regionale. Monti è proprietario al 100% di un appartamento a Milano e per il 50% di uno a Bruxelles. Tra gli altri beni immobili figurano un ufficio e due negozi a Milano, dei quali possiede il 40% della proprietà, un altro appartamento, sempre a Milano, del quale è proprietario per il 50%, nove unità abitative e un negozio a Varese. Il premier è intestatario di due auto: una Lancia Dedra del 1995 e una Lancia Kappa del 1998. Cospicuo il patrimonio depositato in conti correnti, depositi titoli e gestioni patrimoniali per un totale di 11 milioni 522 mila euro. Monti non possiede azioni di singole società, ma fondi comuni, Etf, gestioni patrimoniali che investono anche in azioni, a totale discrezione del gestore e senza coinvolgimento del dichiarante. Dal documento pubblicato sul sito Internet del governo risulta che Monti, bontà sua, ha rinunciato al compenso da premier e da ministro dell'Economia. Nel 2009 Monti aveva dichiarato 875.854 euro e versato come Irpef 364.610 euro. Nel documento si fa una stima dei compensi lordi percepiti nel 2011 (fino al 9 novembre) pari a 1.010.000 euro. L'importo definitivo dipenderà da alcuni crediti, in essere a fine 2011, per prestazioni professionali effettuate prima del 10 novembre 2011. Due milioni e 700mila euro e dieci immobili di proprietà, sono i redditi per il 2010 della moglie del premier, Elsa Antonioli, pubblicato sul sito Internet del governo. La moglie di Mario Monti possiede in fondi comuni azionari e obbligazionari, Etf, liquidità e gestione patrimoniale 2.745.000 euro in due banche di Milano e una di Bruxelles. Per quanto riguarda i beni immobili, e' proprietaria per il 50% di un appartamento a Bruxelles, per il 100% di un seminterrato a Milano, per il 50% di una casa di campagna con giardino a Lesa (Novara), per il 50% di 4 unità abitative a Milano e, sempre nel capoluogo lombardo, per il 10% di un ufficio e due negozi. E' intestata a Elsa Antonioli anche una Lancia Musa immatricolata nel 2009.

****

"Chi oggigiorno vuole fare carriera dev'essere un po' cannibale"

Salvador Dalì

Giuseppe Piero Grillo, meglio noto come Beppe Grillo, è nato a Genova, 21 luglio 1948. Negli anni Ottanta raggiunge la notorietà e il successo partecipando a trasmissioni quali "*Te la do io l'America*" (1981) e "*Te lo do io il Brasile*" (1984), in cui raccontava la sua esperienza personale legata alla visita di Stati Uniti e Brasile, con aneddoti e battute circa la cultura, lo stile di vita e le bellezze di quei luoghi. Negli anni successivi la sua popolarità continuò a crescere, con un'altra trasmissione costruita sulle proprie esperienze personali "*Grillometro*" del 1985 e, dal 1986 al 1988, come testimonial in una decina di spot per una marca italiana di yogurt, la Yomo; con questi vince i premi più prestigiosi del settore: Leone d'oro di Cannes, premio ANIPA, Art Director's club, Spot Italia Pubblicità e successo, Gran Premio Internazionale della TV, il Telegatto, vinto per la sesta volta. Le sue esibizioni andarono caratterizzandosi, nel tempo, per una crescente quota di contenuti satirici, espressi in forma sempre più diretta e pungente. Il 15 novembre 1986, durante un varietà televisivo del sabato sera, Fantastico 7, attaccò il Partito Socialista e Bettino Craxi, all'epoca Presidente del Consiglio dei ministri: *"La cena in Cina... c'erano tutti i socialisti, con la delegazione, mangiavano... A un certo momento Martelli ha fatto una delle figure più terribili... Ha chiamato Craxi e ha detto: Ma senti un po', qua ce n'è un miliardo e son tutti socialisti?. E Craxi ha detto: Sì, perché?. Ma allora se son tutti socialisti, a chi rubano?"*. Il fatto ebbe come conseguenza l'allontanamento di Grillo dalla televisione pubblica. Nel nuovo millennio si assiste a un'ulteriore evoluzione del modello di comunicazione di Grillo. Pur proseguendo a portare nei teatri i suoi monologhi impegnati, decide di intraprendere una nuova iniziativa, e apre un blog. Grazie a questo nuovo strumento, il comico raggiunge una vasta popolarità, a livello nazionale e internazionale. Le disapprovazioni rivolte al comico hanno riguardato soprattutto il suo stile di vita, non coerente coi principi che dice di sostenere. Pesanti critiche gli sono state rivolte anche quando si avvalse del condono fiscale del 2003 promosso dal governo Berlusconi e da lui più volte criticato in quanto premiava gli evasori. Il 30 aprile 2008 l'Agenzia delle Entrate rese consultabile tramite Internet il reddito imponibile dei cittadini che avevano presentato la propria dichiarazione dei redditi per l'anno 2005, operazione per la quale Beppe Grillo contestò le modalità di pubblicazione dei dati. Dai dati dell'Agenzia delle

Entrate emerse che Grillo aveva dichiarato nel 2005 un reddito imponibile di 4.272.591 euro. Nel 1988 la Corte Suprema di Cassazione lo condannò definitivamente per omicidio colposo plurimo a un anno e tre mesi di carcere, poiché giudicato responsabile della morte di due coniugi genovesi, Renzo Giberti e Rossana Guastapelle , e del loro bambino Francesco di 8 anni, a seguito di un incidente stradale nei pressi di Limone Piemonte da lui causato il 7 dicembre 1981. Il fuoristrada di Grillo scivolò su una lastra di ghiaccio in una strada sterrata di montagna e finì in un burrone. Morirono tutti i passeggeri del mezzo tranne lui, che riuscì a salvarsi saltando fuori dall'abitacolo. Oggetto di critica è stato il fatto che egli stesso, condannato in via definitiva per omicidio colposo, volesse che fossero esclusi dal Parlamento italiano i condannati in via definitiva, o in primo e secondo grado in attesa di giudizio finale. Nel 2003 patteggiò una multa di 4000 euro al processo che lo vedeva imputato per diffamazione aggravata del premio Nobel Rita Levi-Montalcini, che Grillo nel 2001 aveva apostrofato come *"vecchia puttana"*, insinuando che la scienziata torinese avesse ottenuto il Nobel grazie a una ditta farmaceutica che materialmente le aveva comprato il premio; Grillo fece ricorso presso la Corte di Cassazione per il pagamento e la liquidazione delle spese legali. Presenzialista, qualunquista, populista, agitatore, sobillatore, provocatore, fomentatore, agnostico, cinico, sprezzante, lo si può definire in tante maniere. Per il moneto Grillo, ha precisato in più occasioni che mai si candiderà alle elezioni politiche. Per la serie, io sono un comico, mica un folle. Ma la reale situazione dell'Italia è quella rappresentata dal dialogo che si riporta tratto dal "*Il marchese del Grillo*", film italiano del 1981 con Alberto Sordi e Paolo Stoppa, regia di Mario Monicelli.

L'amministratore mette sul tavolo davanti a Gasperino dei soldi.

- Amministratore: ... e 50 paoli, ecco Eccellenza.

- Gasperino: Che so' tutti mii?

- Amministratore: Certo Eccellenza.

- Gasperino: Mi'i posso mette dentro a sacca e facce quello che me pare?

- Amministratore: Eh.. lei è il padrone... è la rendita della tenuta dei Parioli, purtroppo il grano quest'hanno è andato così così.

- Gasperino :(Dopo aver squadrato l'amministratore dalla testa ai piedi) Ma che li tieni tu li conti?

- Amministratore: Sono il suo umilissimo amministratore signor Marchese...

- Gasperino: E fammeli vedè 'sti conti. Quanto spennemo dentro 'sta casa?!?!

- Amministratore: Ma perché? Non si fida di me?!? Sono generazioni che amministriamo la sua famiglia... prima mio nonno, poi mio padre e adesso io...

- Gasperino: Ma che t'offenni? Per esempio, quanto 'o pagamo er carbone? Famme sapè.

- Amministratore: (Dirigendosi verso il libro contabile) Mmmh il carbone...
- Gasperino: Il carbone! Quanto 'o pagamo?
- Amministratore: E che possiamo pagare...
- Gasperino: E che possiamo pagare? Quanto 'o pagamo?
- Amministratore: Sette paoli il quintale.
- Gasperino: E 'a carbonella?
- Amministratore: Quattro.
- Gasperino: E le fascine, pe' accenne er foco?
- Amministratore: Cinque a dozzina.
- Gasperino: E 'a legna?
- Amministratore: E quella non la compriamo, viene dai nostri boschi... la vendiamo.
- Gasperino: E quanto ce famo?
- Amministratore: Dieci al quintale.
- Gasperino: 'o vedi che semo coijoni?!? Ma come, compramo tutto a tre volte il prezzo corente e solo 'a legna 'a vennemo alla metà?!?! Dice nun me fido... Ho fatto bene a vedé i conti... artro che. Se tu me freghi qui, me freghi su tutto. Perciò sei un ladro; sei ladro tu, tu padre e tu nonno e io ve licenzio a tutti e tre. (Gasperino si dirige verso una porta) Aspetta 'n pò, prima da fa' fagotto dimme na cosa... Ma quer vinello che se semo bevuti giù a tavola, ma che 'o famo noi?
- Amministratore: Si signore, viene dalle vigne del Mascherone.
- Gasperino: Siii?!? E quanto ce n'avemo?

- Amministratore: Parecchie botti di quello nuovo più quello vecchio imbottigliato.

- Gasperino: E ndo stanno tutte ste botti e ste bottije... ortre che a casa tua?

- Amministratore: Giù in cantina.

- Gasperino: Allora io vado in cantina e tu te ne vai affanculo, brutto ladro.

****

*"Anche per il pensiero
c'è un tempo per arare
e un tempo per mietere"*

Ludwig Wittgenstein

Il cliens in età romana era quel cittadino che, per la sua posizione svantaggiata all'interno della società, si trovava costretto a ricorrere alla protezione di un *"patronus"* o di una intera *"gens"* in cambio di svariati favori. L'attuazione della condizione di cliente in epoca romana avveniva attraverso la forma della deditio, che consisteva nell'usufrutto di un bene pubblico, ad esempio di porzioni di ager publicus su concessione, in precarium, del patronato che si appropriava di tale bene. Il cliente era obbligato nei confronti del proprio patronus in quanto doveva a questi il voto nelle assemblee, la votazione era espressa pubblicamente, e doveva aiutarlo qualora fosse stato impegnato in guerra. L'istituto della clientela, sviluppato agli inizi della storia di Roma in quanto rapporto giuridico, andò assumendo una dimensione essenzialmente sociale nell'età imperiale. Ma certamente nonostante i secoli e le cosiddette evoluzioni umane è ancora fortemente radicato e presente, anche se ovviamente ha subito un restyling. In pratica è cambiata la forma ma non la sostanza, e oltretutto si sono ampliati sia i beneficiari che purtroppo i richiedenti. Se l'essere umano ha indubbiamente migliorato le sue condizioni di vita, se oggi è in grado di realizzare opere, effettuare scoperte, se in generale le sue conoscenze sono ampliate, tuttavia la formula base quella su cui è nato e si è sviluppato tutto il sistema è rimasta di fatto inalterata. Sia il capitalismo, sia il comunismo russo, cinese, castrista o di chi volete voi, sia il neo comunismo o neo capitalismo, sia altre formule politiche basate sugli estremismi religiosi hanno tutte manifestato sia i loro limiti sia le loro incapacità. Orbene forse è giunto il tempo di togliersi i panni di uomini moderni, saputelli, irrispettosi del passato, e ammettere onestamente che quanto capitava già all'epoca del grande impero romano si trova de plano, tout court, in questi tempi moderni.

Perché il normale processo evolutivo non è stato in grado di abbattere, di demolire questo binomio? E' forse un forma malsana di perversione masochistica che impedisce di rompere queste catene, o forse è una castrazione avvenuta nel lento trascorrere del tempo che ha determinato questa inettitudine, questa incapacità di emanciparsi da questo gioco? O forse l'alleanza forte fra il potere temporale e religioso ha fatto sì che questo paese sia privo di un minimo di spina dorsale, di dignità, al punto che ancora oggi con il cappello in mano, con fare untuoso si richiedono favori? La Costituzione della Repubblica Francese

V Repubblica (4 ottobre 1958) recita:

Preambolo:

Il popolo francese proclama solennemente la sua fedeltà ai diritti dell'uomo ed ai principi della sovranità nazionale così come sono stati definiti dalla dichiarazione del 1789, confermata ed integrata dal preambolo della Costituzione del 1946. Sulla base di tali principi e di quello della libera determinazione dei popoli, la Repubblica offre ai territori d'oltremare, che manifestano la volontà di aderirvi, nuove istituzioni fondate sull'ideale comune di libertà, di eguaglianza e di fraternità, e concepite in vista della loro evoluzione democratica.

Art. 1. - La Repubblica e i popoli dei territori d'oltremare che, per un atto di libera determinazione, approvano la presente Costituzione formano una Comunità. La Comunità è fondata sull'eguaglianza e la solidarietà dei popoli che la compongono.

Art. 2. - La Francia è una Repubblica indivisibile, laica, democratica e sociale. Essa assicura l'eguaglianza dinanzi alla legge a tutti i cittadini senza distinzione di origine, di razza o di religione. Essa rispetta tutte le credenze. L'emblema nazionale è la bandiera tricolore, bleu, bianca e rossa. L'inno nazionale è la "Marsigliese". Il motto della Repubblica è "Libertà, Eguaglianza, Fraternità". Il suo principio è: governo del popolo, dal popolo e per il popolo.

Art. 3. - La sovranità nazionale appartiene al popolo che la esercita per mezzo dei suoi rappresentanti e mediante referendum. Nessuna frazione del popolo né alcun individuo può attribuirsene l'esercizio. Il suffragio può essere diretto o indiretto nei modi previsti dalla Costituzione. È sempre universale, eguale e segreto. Sono elettori, nei modi stabiliti dalla legge, tutti i cittadini francesi di ambo i sessi, che godano dei diritti civili e politici.

Art. 4. - I partiti e i gruppi politici concorrono all'espressione del voto. Essi si formano ed esercitano la loro attività liberamente. Essi devono rispettare i principi della sovranità nazionale e della democrazia.

La Costituzione federale degli Stati Uniti d'America (17 settembre 1787) inizia:

"Noi, popolo degli Stati Uniti, allo scopo di perfezionare ulteriormente la nostra Unione, di garantire la giustizia, di assicurare la tranquillità all'interno, di provvedere alla comune difesa, di promuovere il benessere generale e di salvaguardare per noi stessi e per i nostri posteri il dono della libertà, decretiamo e stabiliamo questa Costituzione degli Stati Uniti d'America".

La nostra costituzione all'articolo 1 recita: *"L'Italia è una Repubblica democratica, fondata sul lavoro"*. Il buon giorno si vede dal mattino. I cosiddetti Padri della Patria nel formulare la nostra costituzione approvata dall'Assemblea Costituente il 22 dicembre 1947, già al primo articolo denotano le origini. Infatti già erano venuti su grazie alle baionette degli *"Alleati"*, già avevano fatto fucilare Mussolini senza che potesse avere un processo, almeno come quello di Noriberga, già avevano permesso che il cadavere di Mussolini e della Petacci insieme ad altri gerarchi fossero vilipesi al punto tale che ciondolanti intrisi di polvere e sangue si chiese ai pompieri di lavarli con un getto dell'idrante, dovettero mettere la parola **democratica**, tipica, significativa, peculiarità degli stati comunisti. La prima base di uno stato e già minata all'origini. Se alla sinistra oggi fa comodo demonizzare Silvio Berlusconi brandendo sempre *"il conflitto d'interesse"* senza però mai risolverlo quando sono stati al governo, se la sinistra ha più cadaveri negli armadi che mutande pulite, se l'economia italica è contagiata, inquinata, se la criminalità ha fatturati, ramificazioni e organizzazione paritetiche ad uno Stato, se il Vaticano ha ancora il problema di comprendere la sua reale funzione, e ha più beni materiali e terreni, privilegi e immunità di tutti i cittadini del mondo, pontifica, giudica, condanna, odia gli ebrei e fa l'occhiolino ai mussulmani fino a quando non commettono stragi di suoi fedeli, forse il marcio è alle origini di questa Repubblica, di come si è formata, sugli imbrogli commessi e perpetrati nel tempo, delle falsità fatte divenire realtà, sull'aver comprato e assoggettato quasi un'intera popolazione, sull'aver imbrigliato e ridotto al silenzio chi tenta di raccontare, di dimostrare il *"peccato* *originale*", ecco dov'è la vera fonte di tutti i mali di questo povero e disgraziato paese.

F I N E ???

L'Autore

 **Marco Baroni**, giornalista dal 1994, è nato a Forlì nel 1963, da sempre risiede a Roma. Nel corso della sua attività professionale ha svolto scottanti inchieste in Italia e all'Estero da cui ha tratto ispirazione per suoi scritti.

E' Responsabile tra l'altro del sito Internet www.stenos.it e del canale web/tv www.livestream.com/stenos.Ha realizzato anche dei filmati che hanno ottenuto dei riconoscimenti internazionali quale il video "Le Fortezze dell'Imperatore" girato sugli altopiani di Folgaria e Lavarone ed incentrato sui fortilizi della Grande Guerra. Autore di articoli e libri bianchi e ha scritto numerosi libri gialli, spy story e volumi divulgativi, storici e di analisi socio/politica.

Tra gli ultimi suoi libri:

- ❖ *La morte tra di noi* (Collana "I Gialli")
- ❖ *Morte tra le nebbie della Bassa* (Collana "I Gialli")
- ❖ *Le ali del calabrone* (Collana "I Gialli")
- ❖ *Delitto sotto il sole* (Collana "I Gialli")
- ❖ *Il fantasma* (Collana "I Gialli")
- ❖ *Il mio Paese* (Collana "I Gialli")
- ❖ *Il triangolo* (Collana "I Gialli")
- ❖ *Gioco al massacro* (Collana "I Gialli")
- ❖ *Delitto sotto i riflettori* (Collana "I Gialli")
- ❖ *Circolo vizioso* (Collana "I Gialli")
- ❖ *La pace impossibile* (Collana "I Gialli")
- ❖ *Operazione Nuvole di Drago* (Collana "I Gialli")
- ❖ *Meraviglie sotto il suolo d'Italia* (Collana "Turismo")
- ❖ *A chi convenne sconfiggere Hitler?* (Collana "Storia")
- ❖ *I due Mussolini* (Collana "Storia")
- ❖ *Islam e Occidente* (Saggio)

www.ingramcontent.com/pod-product-compliance
Lightning Source LLC
Chambersburg PA
CBHW070851290526
45795CB00001B/79